이야기가 바뀌면
삶이 바뀐다
현대의 우화들

비워 놓기

All Things New
With Me in Paradise

Nil Guillemette, S.J.

Copyright © 1992 ST. PAULS PUBLICATIONS, MAKATI
Copyright © 1992 ST PAULS PHILIPPINES
Korean translation copyright © 2020 by ST PAULS, Seoul, Korea

이야기가 바뀌면 삶이 바뀐다 | 현대의 우화들

비워 놓기

발행일 2020. 2. 28

글쓴이 닐 기유메트
옮긴이 정성호
펴낸이 서영주
총편집 황인수
편집 손옥희, 김정희 **디자인** 김안순
제작 김안순 **마케팅** 서영주 **인쇄** 영신사

펴낸곳 성바오로
출판등록 7-93호 1992. 10. 6
주소 서울특별시 강북구 오현로7길 20(미아동)
취급처 성바오로보급소 **전화** 944-8300, 986-1361
팩스 986-1365 **통신판매** 945-2972
E-mail bookclub@paolo.net
인터넷 서점 www.**paolo**.kr
www.facebook.com/**stpaulskr**

값 15,000원
ISBN 978-89-8015-922-2
교회인가 서울대교구 2019. 5. 17 **SSP** 1073

이 도서의 국립중앙도서관 출판예정도서목록(CIP)은 서지정보유통지원시스템 홈페이지(http://seoji.nl.go.kr)와 국가자료종합목록 구축시스템(http://kolis-net.nl.go.kr)에서 이용하실 수 있습니다. (CIP제어번호 : CIP2020007218)

이 책은 저작권법의 보호를 받으므로 무단전재와 무단복제를 금합니다.
이 책 내용의 전부 또는 일부를 재사용하려면 반드시 저작권자와 성바오로출판사의 동의를 얻어야 합니다.

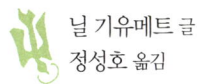 닐 기유메트 글
정성호 옮김

비워 놓기

이야기가 바뀌면
삶이 바뀐다

현 대 의 　우 화 들

성바오로

차례

집으로 · 7
아버지의 관심 · 15
새로운 탄생 · 23
돌파 · 35
나만의 천사 · 49
마지막 시도 · 59
위대한 사람 · 77
대의라고? 정말! · 91
사이버네티카 · 99
미소 · 109

다이너마이트	123
거울의 회고담	133
트리노	145
왜 말씀이?	157
제다섯	169
탈무쿠루	181
혼자가 아니다	197
마블러스 마빈	209
무無에서	223
늦게 온 사람	233

집으로

　우주선 '파이오니아'호의 선장 울프렉스는 모든 일에 철저하게 과학을 신봉하는 사람이었다. 그러나 젊고 아름다운 아내가 암으로 세상을 떠나자, 그는 과학의 힘에 회의감이 들기 시작했다. 물론 당시에는 그런 사실을 자신에게조차 인정하지 않았지만 말이다. 그후 울프렉스는 우주 비행사로서 뛰어난 능력을 인정받게 되었는데, 조금이라도 유리한 자리를 차지하기 위해 혈안이 되거나 들개처럼 탐욕스럽게 명성에 집착하는 동료 과학자들에게 환멸을 느꼈다. 마침내 핵전쟁으로 얼마 남지 않은 생존자들이 새로운 피난처를 찾아 외계로 떠나야 하는 상황이 되자(그가 열 대 남짓의 우주선으로 이루어진 지구 탈출 함대 가운데 하나인 파이오니아호의 선장이 된 것도 그때였다), 정말로 자신의 신, 즉 과학에 대해 절망감을 느끼게 되었다.

　울프렉스는 과학 이외의 다른 종교를 믿지는 않았지만, 뛰어난 물리학자이자 신실한 가톨릭 신부인 머칸에게 자신의 당혹감을 털어놓으면서 이상한 안도감을 느낄 수 있었다. 머칸 신부는 최근 들어 성직자의 임무, 곧 사목에만 전념하고 있었다. 울프렉스는 뛰어난 학문적 소양과 불타는 신심의 소유자인 머칸 신부에게 자신의 남모를 고민을 털어놓곤 했다. 그렇다고 신부에게서 무슨 깨달음을 얻고자 한 것은 아니었다. 그러기에는 두 사람의 견해 차이가 너무 컸다. 하지만 머칸 신부에게는 보통 사람들이 갖지 못한 남다른 능력이 있었다. 바로 남의 이야기에 귀 기울일 줄 아는 능력 말이다. 더욱더 신기한 것은, 입으로는 거의 아무 말도 하지 않으면서 상대방에게 따뜻한 위로와 격려의 뜻을 전할 수 있는 사람이 바로 머칸 신부였다.

파이오니아호가 은하계의 허공 속을 돌진하던 어느 날 밤 울프렉스는 문득 지구를 통째로 삼킨 비극적인 파국이 유난히 가슴 아프게 다가왔다. 기적적으로 탈출해 우주선에 승선할 수 있었던 일, 거대한 미지의 세계를 향한 여행 등을 생각하면 우울한 심정을 달랠 길이 없었다. 우주선의 거대한 모니터를 통해 별들이 점점이 박혀 있는 우주를 경외심을 가지고 지켜보던 그는 다시 머칸 신부에게 자신의 감정을 털어놓았다. 마침 선장실에는 그들 두 사람 외에는 아무도 없었다.

"참 이상하지요, 신부님! 이 우주선의 조용한 엔진 소리를 듣고 있으면, 또 이 우주선의 반응기가 믿을 수 없을 정도의 에너지를 내는 것을 느끼고 있으면, 계기판의 복잡한 게이지와 지시등 따위가 한 치의 오차도 없이 정확하게 작동하는 것을 보고 있으면 저는 과학이 이룩한 많은 업적들에 대하여 뿌듯한 자부심을 느낍니다. 하지만 인생의 무상함이나 우리에게 주어진 한정된 시간, 나아가 결국 멸종할 수밖에 없는 인류의 운명 따위를 생각하면 오히려 과학 때문에 한없이 마음이 무거워집니다."

머칸 신부가 부드러운 목소리로 대답했다.

"이해합니다. 과학은 이 세상이 움직이는 방식에 관심을 가지고 있고, 그것을 설명하고 측정할 수는 있습니다. 하지만 '의미'에 대해서는 관심이 없지요."

"맞는 말씀입니다, 신부님. 과학은 인간이 이 세상에서 할 수 있는 일에만 초점을 맞출 뿐, 세상의 궁극적인 중요성에는 전혀 관심이 없습니다. 과학은 생물학적 개념에서 인간의 기원과 육체적 구성 요소, 유전적 가능성 따위를 밝혀낼 수는 있지만, 근본적인 존재 이유에 대해서는 아무것도 알지 못합니다. 그런 것이 있다면 말입니다. 아무리 중요하고 가치 있는 성과를 올렸다 할지라도 과학이 스스로를 규정하고 있는 위상 아래서는 이러한 자기 부정적 모순에 봉착할 뿐입니다. 과학은 질문을 던질 수 있고 대답도 내놓을 수 있는 경우가 많습니다. 그러나 모든 질문에 대답한다 해도 마지막 하나의 질문에는 답을 하지 못합니다."

과학자의 독백이 잠시 끊어졌다. 머칸 신부는 친구의 고민을 들을 수 있는 것만 해도 만족스러운 듯 아무 말도 하지 않았다.

울프렉스가 다시 머칸 신부를 향하여 자조적으로 웃으며 덧붙여 말했다.

"따라서 우리 같은 과학자들은 인생의 수수께끼에는 마지막 해답이 없다는 결론으로 빠져들고 싶은 유혹에 사로잡히는 겁니다."

그리고 눈앞에 펼쳐진 광활한 우주 공간을 바라보며 다시 말을 이었다.

"미지의 우주를 향해 나아가고 있는 우리의 이 여행이 내가 말하려고 하는 것을 집약한 상징과도 같다고 말할 수 있겠군요. 처음에 우리는 더없이 연약한 원형질로 출발했습니다. 그동안 진화의 과정을 거치면서 생각할 줄 아는 뇌를 가지게 되었지요. 왜 그런 일이 일어났는지는 과학의 세계에서는 철저한 미스터리일 뿐입니다. 자, 그렇다면 이제 다음 단계는 무엇입니까? 우리는 지금 어디로 가고 있지요? 무엇을 향해 가고 있는 겁니까?"

울프렉스는 처절한 표정으로 다시 머칸 신부를 돌아보았다.

"나도 신부님이 이런 종류의 질문에 대답할 수 없다는 것을 알고 있습니다. 나는 종교 문제에는 관심이 없는 사람이니까요. 하지만 오늘 밤 나는 아무리 단순하게 들리는 대답이라도 기꺼이 귀를 기울이겠습니다."

그는 씁쓸하게 웃으며 덧붙였다.

"어차피 거지가 찬밥 더운밥 가릴 수는 없으니까 말입니다."

머칸 신부도 웃었다. 친구의 깊은 절망감을 느끼는 순간, 그것이 더 이상 수사적인 것이 아니라 지극히 현실적인 것이며, 대답을 요구하는 질문이라는 사실을 알 수 있었다. 아무래도 평소처럼 별다른 대답을 하지 않고 넘어가서는 안 될 것 같은 기분이 들었던 것이다.

머칸 신부가 울프렉스를 향해 말했다.

"좋습니다. 그렇지만 여기서 장황한 신학적 설교를 늘어놓지는 않으렵니다. 그런 설교를 들을 기분이 아니라는 것을 잘 아니까 말입니다. 방금 얘기한 주제와 관련해 제가 평생 동안 기도와 묵상을 통하여 무엇을 깨달았는지도 말하지 않겠습니다. 그 대신 그리스도인의 신앙과 관련된 기본적인 공식 한 가지만 말씀드리지요. 당신도 간단한 대답을 들을 준비가 되어 있다고 했으니 말입니다. 이것은 가장 무지한 신자들조차 교리 문답을 통해 배우는 내용입니다."

그런 다음 머칸 신부는 우주선의 내부 통신 체제에서 스위치를 하나 눌렀다. 상대편에서 누군가 응답하는 소리가 들렸다.

"여기는 머칸 신부요. 교리반에 참여하고 있는 소년 한 명을 선장실로 보내 줄 수 있겠습니까? 아무나 괜찮습니다."

잠시 후 여덟 살짜리 꼬마 하나가 나타났다. 눈에 아직도 졸음이 그렁그렁한 것을 보니, 잠자다 말고 불려 온 모양이었다. 그 소년이 선장과 신부 사이에 서서 왜 하필이면 이런 늦은 시간에 자신을 불렀는지 의아해하며 눈을 끔벅이자, 머칸 신부가 부드러운 목소리로 말했다.

"우리가 왜 존재하는지 말해 줄 수 있겠니?"

소년은 교리 문답 시간에 가장 처음으로 받는 질문 가운데 하나라는 사실을 깨닫고는 조금도 주저하지 않고 대답했다.

"하느님께서 우리 형제자매들과 함께 하느님을 알고 즐기게 하기 위해 우리를 창조하셨습니다."

"그럼, 우리는 어디로 가고 있지?"

"우리는 천국에 있는 우리 집에 하느님의 모든 아들딸과 함께 계신 하느님께 가고 있는 중이에요."

"잘 대답했다, 얘야. 이제 그만 가서 자거라."

소년이 나가고 나자, 두 사람은 서로를 바라보았다.

머칸 신부가 흐뭇하게 웃으며 결론을 내렸다.

"보셨습니까? 궁극적인 질문에 대한 궁극적인 대답은 무척 간단합니다. 우리는 '집'으로 가고 있는 거니까 말입니다."

아버지의 관심

　천국에 도착한 마르시아는 생각했던 것보다 훨씬 더 기분 좋은 환대를 받았다. 관료적 형식주의 같은 것은 찾아볼 수 없었고, 이러저런 서류에 도장을 받거나 이 부서 저 부서를 오락가락하지 않아도 되었다. 도착 즉시 본부 사무실로 안내되었는데, 그곳에서 기다리고 있던 하느님이 따뜻하게 그녀를 포옹해 주었다.
　이어서 이야기를 나누기 시작했다. 생전에 사람들과 나누던 대화와 별로 다를 것이 없었다. 남편이나 자식, 이웃, 친척, 직장 동료 등에 대한 이야기가 주된 화제였고, 이따금 샐러드나 저녁노을, 교향곡 같은 주제들이 양념으로 끼어들기도 했다.
　이렇게 즐거운 대화를 나누는 동안 마르시아는 방 한쪽 구석에 탁자 세 개가 마련되어 있는 것을 보았다. 하나는 물이 가득 담긴 유리잔들이 빽빽이 놓여 있었고, 또 하나는 크게 부푼 풍선들이 놓여 있었으며, 마지막 탁자에는 검은 흙이 담긴 화분들이 놓여 있었다. 마르시아는 왜 그런 것들을 준비해 두었을까 하는 의문이 일었지만, 하느님의 따뜻한 환대에 매료되어 미처 그런 질문을 던질 틈이 없었다.

마르시아가 막 자신의 딸인 루시를 특별한 관심으로 보살펴 달라고 부탁하려는 순간, 어디선가 갑자기 땡땡 하는 종소리가 들려왔다.

하느님께서 조심스럽게 마르시아의 말을 끊으셨다.

"미안하오, 마르시아. 잠시 다녀와야 할 곳이 있어서… 콜카타에서 벌어지는 힌두교 축제에 참석해야 해서 말이오."

하느님은 자리에서 일어나 책상 뒤에 있던 벽장문을 여시더니, 힌두교의 세 주신(主神) 가운데 하나인 비슈누의 형상이 새겨진 장삼을 꺼내 몸에 두르셨다. 그리고 나서 세 개의 탁자에서 물 잔과 풍선과 화분을 각각 하나씩 집어 드셨다. 하느님은 마르시아에게 자신이 돌아올 때까지 시간을 보내라며 「천국 인명사전」 한 권을 건네주시고는 방에서 나가 버리셨다.

하느님은 몇 시간이 지나서야 빈손으로 돌아오셨다. 떠나기 전에 가지고 가셨던 세 가지 물건을 누군가에게 주고 오신 모양이었다.

하느님은 세련된 태도로 정중하게 사과하셨다.

"기다리게 해서 정말 미안하오, 마르시아. 하지만 난 힌두교 어린이들의 종교 활동에는 빠짐없이 참석하기로 약속을 했다오. 게다가 그 아이들은 다양한 인종이어서 함께 있는 시간이 무척이나 즐겁

다오."

그들은 다시 조금 전에 하던 이야기를 계속했다. 그러나 잠시 후 이번에는 어디선가 코를 찌르는 향냄새가 풍겨 오기 시작했다. 하느님은 그 냄새를 맡자마자 다시 벌떡 일어서셨다. 하느님께서 다시 정중하게 양해를 구하셨다.

"미안하오, 마르시아. 한 번 더 다녀와야겠소. 불교 행사에 참석할 시간이 되어서 말이오."

하느님은 다시 아까처럼 벽장을 열어 부처님의 장삼을 꺼내서는 몸에 두르셨다. 그리고 물 잔과 풍선과 화분을 집어 드시는 것이었다. 이번에도 하느님은 마르시아에게 「천국 인명사전」을 건네주고 나가 버리셨다.

솔직히 말해서 마르시아는 하느님이 없는 동안 시간이 어떻게 가는지 모를 지경이었다. 「천국 인명사전」이 너무나 재미있었기 때문이다. 그토록 다양한 부류의 사람들이 천국까지 올라올 수 있었다는 것은 정말 믿을 수 없는 일이었다. 예를 들어, 아무개가 천국에 들어올 수 있을 거라고 생각한 사람이 몇이나 되겠는가? 마르시아의 이런 생각이 지상으로 전달된다면 천국 거주자들의 명단을 철저하게 검열해야 할 것이다. 그렇지 않으면 인간들 사이에서 엄청난 추문이 일어날 테니까 말이다.

하느님은 다시 빈손으로 돌아오셔서 조금 전 나누던 대화를 계속하셨다.

그러나 아무래도 그날은 차분하게 이야기를 나눌 수 있는 분위기가 아닌 모양이었다. 갑자기 이슬람교 사원의 기도 시간을 알리는 노래 소리가 들려오자, 하느님은 또다시 벌떡 일어나셨다.

하느님은 우아한 모습으로 사과를 하셨다.

"이거 정말 미안해서 어떻게 하지요? 하지만 이 이슬람교 기도회에는 무슨 일이 있어도 꼭 참석해야 해서 말이오."

하느님은 알라의 의상을 꺼내 입으시더니 물과 풍선과 화분을 드시고 서둘러 방을 빠져 나가셨다.

이전과 마찬가지로 세 번째로 또다시 빈손으로 돌아온 하느님은 하던 이야기를 계속하셨다.

그러나 미처 대화가 본론으로 접어들기도 전에 어디선가 은은한 성당의 종소리가 들려오기 시작하자, 하느님은 다시 자리를 박차고 일어나셨다.

"정말이지 너무너무 미안하오, 마르시아. 하지만 이번에는 가톨릭 미사에 꼭 참석하지 않으면 안 된다오. 이번에는 다른 종교의 행사처럼 다채롭지는 못하지만, 내 아들이 그곳에 직접 참석하기로 되어 있으니 그를 실망시킬 수는 없지 않소."

그러시면서 하느님은 조그만 목소리로 이렇게 덧붙이셨다.

"게다가 가톨릭 신자들은 이런 일에 굉장히 민감하다오. 그들은 언제나 특별 대우를 기대하거든요. 마치 나에게 돈이라도 빌려준 사람처럼 말이오."

하느님은 크고 하얀 턱수염을 달고 황금 망토를 걸치신 다음, 물컵과 풍선과 화분을 하나씩 집어 드시고 서둘러 방을 나가셨다.

여느 때처럼 하느님이 빈손으로 돌아왔을 때 마르시아는 그것이 궁금해서 견딜 수 없었다. 왜 이 천국에서 하느님은 종교 행사에 참석할 때마다 물컵과 풍선과 화분을 주고 오는 것일까? 마르시아는 자신이 하느님에게 선택된 인간이라는 사실에 자신감을 얻어, 그 이유를 물어 보았다.

"아, 그것 말이오!"

하느님은 그녀의 질문을 듣자마자 그렇게 소리치셨다. 그러더니 온 천국이 앞으로 몇 세기 동안 뒤흔들릴 정도로 천둥소리 같은 웃음을 터뜨리셨다. 하느님 특유의 친절하고 다정한 목소리로 설명하기 시작하셨다.

"사랑하는 마르시아. 그 이유는 아주 간단하오. 당신도 알다시피 내 자녀들은 서로 다른 종교로 나뉘어 있소. 그것 자체로는 조금도 내 신경에 거슬리는 일이 아니오. 나는 원래 다양한 것을 좋아하니까 말이오. 하지만 고통스러운 것은 그들이 다양한 종교로 분리되어 있는 것이 아니라, 불행하게도 다양한 종교에 의해서 분리되어 있다는 점이오. 다시 말하면, 그들은 자기네를 가장 완벽하게 통일

시켜 줄 수 있는 이를 두고 싸움을 벌이고 있는 셈이오. 결국 나는 그들 모두가 숭배하는 똑같은 하느님인데 말이오."

마르시아는 그 말에 동의하지 않을 수 없었다. 종교적 갈등이란 인간들이 빚어내는 모든 갈등들 중에서도 가장 어리석은 것이 분명했다.

하느님이 다시 말씀을 계속하셨다.

"그들 모두가 내 백성이며 내 가족이라는 사실, 그들이 무슨 종교를 믿든 상관없이 내가 그들 모두를 사랑한다는 사실을 그들이 알아차릴 때까지 내가 할 수 있는 일이라고는, 그들에게 똑같은 마실 물과 똑같은 숨 쉴 공기와 똑같은 흙을 주고 있음을 상기시키는 것뿐이오. 그러다 보면 언젠가 그들도 자기들이 똑같은 아버지를 섬기고 있다는 사실을 알게 될 테지요."

마르시아는 흐뭇하게 웃었다. 하느님은 교회 일치 운동을 실천하시는 나름대로의 멋진 방법을 알고 계셨던 것이다.

새로운 탄생

　헨리와 에디스 월러스 부부는 결혼한 지 50년이 되었지만, 싸움이 그칠 날이 없는 사이였다. 물론 처음부터 그렇지는 않았다. 결혼 초기만 해도 꽤나 사이좋은 부부였다. 하지만 그러던 어느 날, 그러니까 약 삼십 년 전에 어떤 일이 벌어졌는데, 그 이후 두 사람은 결코 예전 상태로 돌아갈 수 없게 되고 말았다. 그 어떤 일이란 두 사람 모두 잘못을 저질렀지만 뉘우치지 않았기 때문에 비롯된 일이었다.

　헨리의 경우 사건의 진상은 이러했다. 이웃에 살던 조 토르프라는 친구가 있었는데, 그 친구가 굉장히 급한 일이라며 돈을 좀 꾸어 달라고 부탁했다. 돈을 갚지 못하면 은행에 저당 잡힌 집을 날리게 생겼다는 것이다. 그 당시 헨리는 조 토르프가 부탁한 정도는 가볍게 들어 줄 수 있을 만큼 여유가 있었다. 더욱이 조는 누구보다도 정직한 사람이었기 때문에 꼭 꿔 간 돈을 갚아 줄 친구였다. 그러나 헨리는 학창 시절부터 조를 별로 좋아하지 않았다. 특히 한때 헨리가 점찍어 두었던 여자가 조와 결혼하게 되자, 그에 대한 반감은 더욱 커졌다. 결국 헨리는 순전히 그런 개인적인 감정 때문에 돈을 빌려주지 않았다. 물론 겉으로는 그만한 형편이 안 된다고 둘러댔지만 말이다. 그날 밤 조 토르프는 스스로 목숨을 끊고 말았다.

에디스 부인은 그런 사실을 까마득히 모르고 있었지만, 그 후 헨리는 양심의 가책 때문에 하루도 마음 편한 날이 없었다. 물론 자신의 가책을 뉘우치고 고해성사를 볼 수도 있었지만, 그는 그렇게 하지 않았다. 그 대신 자신이 다른 사람의 행동까지 책임질 수는 없지 않느냐는 말로 스스로를 위로했다. 하지만 마음 한구석으로는 자신이 조 토르프를 죽였다는 사실을 잘 알고 있었다. 그런 사실을 두고 그에게 법적인 처벌을 가할 사람은 없겠지만, 자신이 잘못했다는 사실을 아는 것만으로도 조금은 위로가 될 것이다.

한편 에디스 부인이 저지른 잘못은 성격이 좀 다르기는 하지만 나쁘기는 마찬가지였다. 그녀에게는 글로리아라는 조카딸이 있었는데, 열일곱 살밖에 되지 않는데도 임신을 하고 말았다. 글로리아는 그런 사실이 밝혀지자 집에서 쫓겨났고, 더욱이 애인에게서도 버림을 받게 되었다. 절망에 빠진 글로리아는 에디스를 찾아와 몇 달만 자기를 데리고 있어 달라고 사정을 했다. 아이를 낳을 때까지, 그리고 그 후에는 아기를 맡겨 놓고 일자리를 구할 수 있을 때까지 머물 곳이 필요했던 것이다. 그러나 에디스는 시누이가 되는 글로리아의 어머니를 무척 싫어했다. 그래서 이미 오래전에 그 집안과는 상종을 하지 않겠다고 마음먹은 적이 있었다. 에디스 부인은 그런 이유 때문에 글로리아의 부탁을 거절했다. 물론 표면상으로는 글로리아와 같이 사는 것이 두 딸에게 좋지 않은 영향을 미칠 것 같다는 이유를 들었지만 말이다. 며칠 후 글로리아는 싸구려 병원에서 돌팔이 의사에게 낙태 수술을 받았다. 그리고 결국 글로리아는 그 다음 날 출혈 과다로 세상을 떠나고 말았다.

헨리는 그런 사실을 까마득히 모르고 있었지만, 에디스 부인은 그날 이후 자신의 결정에 대한 엄청난 부담을 느끼게 되었다. 그녀 역시 자신은 시종일관 낙태를 반대하는 입장에 서 있었다는 말로 자신의 행동을 합리화하려 했다. 그런데도 글로리아의 부탁을 들어주지 않은 것이 결국 비극적인 결과로 이어지고 말았다는 사실은 부정할 길이 없었다. 에디스 부인은 자신의 잘못을 뉘우치고 고해성사를 볼 수도 있었지만, 그렇게 하지 않았다. 차마 그럴 수는 없다는 생각이 들었던 것이다.

그렇게 두 사람 모두 남모르는 죄책감을 가슴에 묻어 두고 있었기 때문에 시간이 지날수록 거기서 흘러나오는 독성이 서서히 그들의 삶 속으로 스며들기 시작했다. 그들의 결혼 생활은 느리지만 필연적으로 붕괴되어 가는 과정을 밟고 있었던 것이다. 부드러운 조화의 시간이 되어야 할 시간에 말다툼과 분쟁의 시간이 되어 가고 있었다. 자녀들이 어느 정도 성장하자 기다렸다는 듯이 서둘러 집을 떠나간 것은 조금도 놀라운 일이 아니었다. 그런 살벌한 분위기 속에서 버틸 수 있는 사람이 누가 있겠는가?

그날 저녁, 텅 비어 버린 듯한 집에서 헨리와 에디스 부인은 텔레비전을 보고 있었다. 마침 부활절 전 성금요일이었기 때문에 몇몇 채널에서는 정규 방송을 중단한 상태였고, 남은 채널들도 하나같이 종교적인 내용만 방송하고 있었다. 그들 부부는 여느 때와 마찬가지로 어떤 프로그램을 볼 것인가를 놓고 말다툼을 벌였다. 하지만 어차피 선택의 여지가 별로 없었기 때문에 결국 '마리아 막달레나 수녀원', 즉 회개를 위하여 헌신하는 수녀들이 모여 사는 수녀원에 대한 다큐멘터리 프로그램을 보기로 합의했다. 화면에는 수녀원의 모습이 비치고 있었고, 해설자는 '마리아 막달레나 수도회 수녀들'은 어떤 사람들인지 설명하고 있었다. 그들 중에는 평범한 가정에서 평범한 생활을 하다가 수녀원에 들어온 사람도 있었지만, 나머지는 매춘부나 마약 및 알코올 의존자, 도박꾼, 사기꾼 등의 전력을 가진 사람들도 많았다. 그러나 과거에 저지른 죄 같은 것은 전혀 아무런 문제도 되지 않는다는 것이었다.

프로그램 끝부분에 원장 수녀의 인터뷰가 나왔다.

"우리는 모두 인간인 이상 죄인일 수밖에 없습니다. 우리가 저지른 죄는 정도의 차이가 있을 뿐 본질적으로는 모두 똑같기 때문입니다. 그런 우리가 무엇 때문에 서로를 차별해야 합니까? 여기 이 수녀원에서는 모든 사람의 과거나 배경이 회개를 통하여 정화되었고, 그 과정을 통하여 전혀 새로운 사람으로 다시 태어났습니다. 바로 그것이 우리 수녀원의 특별한 임무입니다. 회개의 참된 의미를 가르치고 그 놀라운 효과를 설명하는 것 말입니다."

그렇게 말한 프란치스카 원장 수녀는 온화한 웃음만으로도 상대방에게 자신의 메시지를 전달할 것 같은 나이 지긋한 할머니였다. 원장 수녀의 일거일동이 평화와 기쁨을 발산하고 있는 것만 같았다.

그때 그녀와 인터뷰하던 기자가 약간 회의적인 의사를 피력했다.

"프란치스카 원장 수녀님, 외람된 말씀이지만 저는 수녀님의 말씀이 다소 의외로 받아들여지는군요. 회개란 너무나 무력한 것이어서 아무것도 변화시킬 수 없는 것 아닙니까? 어차피 과거에 한 행동을 이제 와서 되돌릴 수는 없는 법이니까 말입니다. 우리가 과거에 저지른 사악한 행동은 결코 우리 본질에서 지워질 수 없습니다, 그렇지 않습니까? 시간의 흐름은 어쩔 수 없는 것이고 과거는 그저 과거로 남지 않겠습니까?"

연로한 원장 수녀는 온화한 미소를 지었다. 이미 여러 차례 그런 반박을 들어 보았으며, 나름대로 대답을 준비해 둔 듯한 모습이었다.

"물리적인 사건들이 일어나는 '객관적인 시간'에 대한 기자님의 말씀은 옳습니다. 하지만 독일의 철학자 막스 셸러가 유명한 에세이 「회개와 다시 태어남」에서 설파한 바와 같이, '인간의 시간'에서는 그렇지 않습니다. 사실 인간이라는 존재는 강물과 같이 한 번 흘러가 버리면 두 번 다시 돌아올 수 없는 성질의 것이 아니거든요. 물론 사람이 과거의 행동이나 그로 인한 영향을 변화시킬 수 없다는 사실에는 의문의 여지가 없습니다. 하지만 인간에게는 내적인 의미와 가치를 변화시킬 수 있는 힘이 있거든요. 회개를 통하여 과거의 행동 속에 깃들여 있던 악을 정화시키고, 새로운 의미와 가치를 부여할 수 있는 능력을 갖고 있습니다. 회개는 우리 자신의 과거 속으로 파고들어가 그 속에 깃들인 악을 거부함으로써 속죄의 길을 개척하는 과정입니다. 그렇게 함으로써 우리의 인격은 그 죄악을 정화하고 전혀 새로운 인간으로 다시 태어날 수 있습니다."

기자는 열심히 귀를 기울이고 있는 모습이었지만, 프란치스카 원장 수녀의 설명이 좀처럼 이해되지 않는 모양이었다.

"저는 원장 수녀님의 말씀을 이해할 수도 있을 것 같습니다. 하지만 시청자 여러분을 위해 좀 더 간단하게 수녀님의 생각을 설명해 주실 수 있겠습니까?"

그러자 원장 수녀는 웃음을 터뜨렸다.

"저런, 나 혼자 횡설수설한 모양이군요. 글쎄, 가만 있자."

그리고 나서 미간을 찌푸린 채 잠시 생각에 몰두하더니, 이내 환한 웃음을 되찾았다. 마음속으로 찾고 있던 무언가를 발견한 모양이었다.

"플러스와 마이너스라는 수학 부호를 생각해 보기로 하지요. 내가 내 죄책감을 그대로 내버려 둔 채 아무것도 하지 않고 있으면, 나는 내 인간성의 수평선에 모든 것을 그냥 내버려 두는 결과밖에 되지 않습니다. 다시 말해서 나는 마이너스 부호일 뿐이고, 내 인생은 회한 속에서 방황하는 음수가 되어 버리는 것이지요. 하지만 내가 회개를 하면 내 죄를 하느님께 가져가 그것을 성스러운 용서와 결부시킬 수 있게 됩니다. 그렇게 함으로써 나는 플러스 부호가 되고, 내 삶은 평화와 기쁨으로 가득 찬 양수가 되는 겁니다."

프란치스카 원장 수녀의 그 말을 마지막으로 프로그램은 끝나고 말았다.

그날 밤 헨리와 에디스 부인은 침대에 나란히 누웠지만, 프란치스카 원장 수녀의 말을 생각하며 잠을 이루지 못했다. 수없이 몸을 뒤척이던 끝에 헨리가 어둠 속에서 나지막이 속삭였다.

"에디스, 당신 자는 거요?"

금방 아내의 대답이 들려왔다.

"아뇨. 난 생각을 좀 하고 있어요."

"나도 그래."

"그래요? 무슨 생각을 하고 있어요?"

아내의 목소리는 이상하리만큼 부드러웠다. 그러나 헨리는 자기 생각에 잠겨 있느라 그런 사실을 알아차리지 못했다.

헨리가 잠시 망설인 끝에 말했다.

"음, 조금 전에 텔레비전에 나왔던 그 원장 수녀님 생각나?"

에디스 부인은 깜짝 놀랐다. 자기도 바로 그 생각에 잠겨 있느라 잠을 이루지 못하고 있었던 것이다.

"그래요, 생각나요. 왜요?"

헨리는 적당한 단어를 찾느라 말을 더듬으며 다시 망설이는 기색을 보였다.

"글쎄, 그 원장 수녀님이 말했던 회개가 어떻고 하는 말들 말이야. 당신은 그 원장 수녀님 이야기가 말이 된다고 생각해? 그러니까 내 말은, 사람이 죄를 지은 뒤에도 다시 태어날 수 있다고 생각하느냐 말이야."

이제 에디스 부인은 헨리가 무언가 대단히 중요한 것을 염두에 두고 있는 것이 아닐까 하는 의구심이 생기기 시작했다. 오십 년을 함께 살다 보니, 그녀는 남편이 고민을 하고 있다는 것을 느낄 수 있었다. 지금도 헨리는 그런 증표를 여실히 보여 주고 있었다. 평소 같았으면 남편을 비웃거나 신랄한 말로 꼬집었을 것이다. 하지만 오늘 밤에는 무슨 까닭인지 그녀 자신의 불편한 심기 때문에 마음이 편하지 않았다. 사실 여러 해 만에 처음으로 에디슨 부인은 인생의 동반자에게 자신만의 끔찍한 비밀을 털어놓을 수 있었으면 좋겠다는 생각이 들었다.

　반면 헨리는 아내가 겪고 있는 그런 태도의 변화를 느낄 수 있었을까? 어쨌든 오늘은 성금요일이고 아직도 프란치스카 원장 수녀의 밝은 얼굴이 눈앞에 아른거리고 있었다. 하지만 무엇보다도 자신의 죄의식이 마치 쇠사슬처럼 목에 감겨 있다는 느낌을 떨쳐 버릴 수 없었다.

　그래서 헨리는 이윽고 주변을 둘러싼 어둠을 이불삼아, 자신의 비밀을 털어놓기 시작했다.

　"에디스, 조 토르프가 자살한 날 생각나?"

　헨리는 나지막한 목소리로 말했다. 그는 자신의 잘못된 행동으로 그토록 오랜 세월 동안 땅에 묻혀 있던 시신을 파내기 시작했다. 이윽고 그의 눈에서는 눈물이 흘러내리고 있었다.

　이번에는 완벽한 침묵 속에서 남편의 고백에 귀를 기울이고 있던 에디스 부인이 자신의 비밀을 털어놓았다. 그렇게 하지 않을 수 없었다. 적어도 그 후 그들 두 사람에게는 무언가 함께 나누어 가질 공통점이 생기게 되었다.

　에디스 부인이 입을 열었다.

　"나도 양심에 걸리는 일이 있어요. 글로리아라는 조카딸 기억해요? 낙태 수술을 받다가 세상을 떠난 아이 말이에요."

아내의 목소리가 죄책감 때문에 떨리기 시작했다. 그러나 에디스 부인은 자신이 저지른 죄악의 슬픈 이야기를 끝까지 들려주었다.

아내의 말이 끝나자, 헨리는 어둠 속을 더듬어 아내의 손을 찾았다. 그리고 그 손을 꼭 잡아 쥐었다.

"내일 당장 고해성사를 보러 갑시다, 에디스. 우리도 우리 삶에 플러스 부호를 달아야 하지 않겠어?"

에디스 부인은 얼른 대답했다.

"그래요, 헨리. 우리 삶을 새롭게 시작해 봐요. 옛날의 우리로 돌아갈 수 있도록 말이에요."

두 사람은 서로를 꼭 껴안고 기쁨의 눈물을 흘리기 시작했다. 그들은 마침내 다시 태어난 것이다.

돌파

 땅거미가 짙어질 무렵, 모트는 사 년 전부터 살아온 '황금의 장원'이라는 양로원의 조그만 자기 방에서 흔들의자에 앉은 채 깜빡 잠이 들었다. 얼마나 잤는지 모르겠지만, 아무튼 깜짝 놀라 눈을 떴을 때는 누군가가 맞은편 의자에 앉아 그를 바라보고 있었다. 그보다는 훨씬 젊어 보이고, 파란 눈동자와 기다란 금발이 잘 어울리는 남자였다. 그는 의사들이 입는 하얀 가운 같은 것을 걸치고 있었고, 무릎에는 병원의 진료 기록부 같은 서류 뭉치가 한 다발 놓여 있었다. 그 남자는 얼굴 가득 활짝 웃으며 말했다.
 "나는 타나텔이라고 합니다. 죽음의 천사지요. 당신의 수술을 준비하기 위해 이곳으로 파견되었습니다."
 모트는 믿을 수 없다는 눈길로 상대방을 바라보며 말을 제대로 잇지 못했다.
 "타나… 천사… 수술? 도대체 지옥에서 무슨 일이 벌어지고 있는 거요?"

타나텔은 수정이 굴러가듯 맑은 웃음을 터뜨렸다.

"다행히도 이건 지옥의 문제가 아니라 천국의 문제입니다."

그리고 다소 사무적인 말투로 한마디 덧붙였다.

"이제 당신이 받을 수술에 대하여…"

모트는 화난 목소리로 그의 말을 잘랐다.

"잠깐만요. 나는 수술 같은 것 부탁한 적 없소. 왜 내가 수술을 받아야 한단 말이오? 나는 완벽하게 건강한 상태요. 조금 피로하기는 하지만, 다른 문제는 전혀 없단 말이오. 나는 수술 같은 것 필요 없소."

타나텔은 다정한 눈길로 그를 바라보았다.

"유감스럽게도 그렇지가 않습니다."

"이유가 뭐요? 도대체 내가 무슨 병을 앓고 있단 말이오?"

죽음의 천사는 빠른 속도로 무릎 위에 얹혀 있던 서류를 뒤지기 시작했다.

"어디 보자, 아, 여기 있군요. 당신은 요즘 사람들 사이에 크게 유행하고 있는 병에 걸렸습니다. 흔히 '악성 행복증'이라고 하지요."

"행복, 그게 무슨 소리요?"

모트가 눈을 크게 뜨고 되물었다.

"수준이 낮은 행복에 대한 통제 불능의 갈망 상태를 '악성 행복증'이라고 하지요."

"행복? 행복해지기를 원하는 게 무슨 잘못이란 말이오? 모든 사람은 행복해질 권리가 있소. 제기랄, 그건 가장 기본적인 권리란 말이오."

"음, 계속해 보십시오. 이 문제에 대하여 당신이 어떤 생각을 가지고 있는지 알고 싶군요."

"글쎄요…."

모트는 자기 인생철학의 핵심을 대변해 줄 몇몇 단어를 골라내느라 잠시 망설였다.

"사람은 누구나 자신의 일을 해야 하오. 자신의 가치관을 남에게 강요해서는 안 된단 말이오. 예를 들어, 자기가 사랑하는 사람이라고 해서 자살하려는 것을 방해해서는 안 되며, 마찬가지로 누군가가 평생 동안 진흙탕 속에서 뒹굴고 있다 해도 그것이 그를 행복하게 만드는 것이라면 결코 방해해서는 안 된단 말이오."

타나텔은 씁쓸하게 웃으며 말했다.

"알겠습니다. 진흙탕이라…. 자, 바로 그것이 문제입니다. 당신은 객관적인 완전함이 아니라, 주관적인 만족을 추구하기 위해 평생을 바쳤습니다."

"진흙탕 속을 뒹굴며 행복을 추구하는 것이 뭐가 나쁘단 말이오? 당신 스스로 행복하다고 생각한다면 당신은 행복한 거요. 모든 것은 당신 마음먹기에 달렸으니 말이오."

"바보는 자신이 행복하다고 생각합니다. 하지만 그는 바보일 뿐이지요. 당신이 말하는 행복이라는 것은 당신 말마따나 오로지 마음속으로 생각하는 것일 뿐입니다. 그건 현실하고는 아무 상관이 없는 '자아 행복'이지요. 그래서 조금 전에 내가 '수준 낮은 행복'이라는 표현을 쓴 것입니다. 게다가 그것은 결국 치명적인 결과를 초래하고 말지요."

"치명적이라뇨?"

"그렇습니다, 치명적이지요. 진흙탕 속을 뒹굴고 있어서는 결코 진정한 행복을 찾을 수 없기 때문입니다. 참된 행복이란 오로지 현실 속에서만 발견할 수 있는 것이지요. 따라서 진흙탕 속을 뒹구는 사람은 결국에는 권태에 지쳐 죽고 맙니다. 바로 지금 이 순간의 당신처럼 말입니다."

"어떻게 그런 소리를 함부로 할 수 있소? 나는 한 번도 진흙탕 속을 뒹군 적이 없소. 나는 자동차 판매원으로 일한 몇 년 동안을 빼면 내 생애 대부분을 보험 회사에서 일해 온 사람이요."

타나텔은 친절하게 웃었다.

"우리의 관점에서 보기에는 별다른 차이가 없습니다. 그런 것은 모두 '수준이 낮은 행복'일 뿐이고, 적절한 치료를 통하여 반드시 치료되어야 할 질병일 뿐이오."

"그게 무슨 뜻이오?"

"음, 아무튼 나는 당신에게 행복 절개 수술을 해야 합니다."

모트는 이해할 수 없다는 눈길로 물었다.

"그건 또 뭐요?"

"한마디로 자아를 절개해 내는 수술입니다. 이것은 당신 자신에게 붙어서 기생하면서 현실을 추구하지 못하도록 방해하는 요소이기 때문입니다."

모트는 정신을 차릴 수 없었다.

"도대체 지금 무슨 소리를 하고 있는 거요?"

타나텔이 차분하게 대답했다.

"무슨 소리냐 하면, 당신에게서 가장 좋은 부분은 하느님이 자신의 모상대로 창조한 '자기'라는 부분입니다. 바로 그 '자기'가 당신의 자아 때문에 질식해 버려 현실을 향해 손을 뻗치지 못하는 것입니다. 당신의 자아는 행복해지려는 갈망에 집착하고 있습니다. 그 천하고 사소한 행복 때문에 말입니다. 게다가 자아는 위대해지고자 하는 '자기'의 자연스러운 욕망을 발현하지 못하도록 방해하고 있습니다. 따라서 행복이라는 암에 집착하고 있는 당신의 자아를 제거해야만 당신의 '자기'가 암세포를 떨쳐 버리고 진정으로 위대해질 수 있게 되는 것입니다."

모트는 어리둥절한 표정으로 중얼거렸다.

"위대해진다고요?"

"그렇습니다, 위대해지는 것이지요. 참된 관계와 참된 행복이 거기서부터 비롯됩니다. 좀 더 정확하게 말하자면 무아경에 이르는 것입니다. 현실을 인정해야만 그런 무아경을 경험할 수 있습니다."

타나텔은 모트가 이 모든 새로운 생각들을 받아들일 수 있는 여유를 주기 위해 잠시 말을 중단했다.

잠시 후 타나텔은 모트의 팔에 가볍게 손을 얹으며 다시 말을 이었다.

"그런 이유 때문에 지금 우리는 근본적인 수술을 이야기하는 것입니다."

이제 모트는 점점 더 두려운 마음이 앞서고 있었다. 어떤 수법을 동원해서라도 시간을 끌어 지금 벌어지고 있는 일들을 연기하고 싶은 마음에 그는 이렇게 질문을 던졌다.

"당신이 말한 무아경이라는 것은 도대체 뭐요?"

천사가 웃었다. 그 정도 술책에 넘어갈 그가 아니었다. 그러나 천성적으로 인자한 성격일 뿐 아니라 어차피 피할 수 없는 일이라면 몇 분 정도 늦어진다고 큰일 날 것도 없었다. 모트가 두려움을 느끼는 것도 충분히 이해할 수 있는 일이었다. 그가 만나 본 모든 인간들은 몇몇 위대한 영혼을 지닌 이들을 제외하면 하나같이 자아를 잃는다는 사실에 두려움을 느끼곤 했다.

"자신을 완전히 버리고 참된 현실을 발견할 때만 무아경을 맛볼 수 있습니다."

"그게 바로 행복하고 똑같은 것 아니오?"

"글쎄요, 꼭 그렇지는 않지요. 당신의 생각에 따라, 다시 말해 진흙탕 속에서 이끌어 낸 행복을 지극히 '작은 행복'이라고 한다면 무아경은 '큰 행복'입니다. 위대해짐으로써 그런 큰 행복을 느낄 수 있게 되지요."

"그럼 어떻게 하면 위대해진단 말이오?"

"현실을 사랑하면 됩니다. 알다시피 현실이란 무엇보다도 위대한 것이니까요."

모트가 비명을 질렀다.

"우와! 꼭 하느님 같은 이야기로군요."

천사는 흐뭇하게 웃었다.

"하느님이 불붙은 떨기에서 모세 앞에 모습을 드러내며 스스로를 어떻게 불렀는지 상기해 보십시오."

모트가 겸연쩍어하며 말했다.

"아, 나는 성경과는 별로 친하지 않아서…."

"하느님은 스스로를 '나는 곧 나다.'라고 표현하셨습니다."

모트는 잠시 그 말을 생각해 보았다. 가만히 생각해 보니, 하느님과 천사가 말하는 현실이라는 것이 똑같은 것처럼 느껴졌다. 그러나 이내 그의 머리는 당장 눈앞에 닥친 문제로 돌아갔다.

"조금 전에 말한 그 수술 말인데요. 혹시 나에게 선택권이 있소?"

타나텔은 따뜻하게 웃으며 말했다.

"유감스럽게도 없습니다. 하지만 내가 할 수 있는 최선을 다해서 고통을 줄여 줄 테니, 너무 걱정은 하지 마십시오."

그리고 나서 모트의 손을 잡고 말을 이었다.

"당신의 이름은 어떤 나라 말로는 '죽음'을 의미하기도 합니다. 솔직히 말해서 지금까지 당신의 생명은 살아 있다기보다는 죽은 쪽에 더 가까웠다고 할 수 있지요. 비록 당신 자신은 그렇지 않다고 생각하겠지만 말입니다. 따라서 어차피 당신은 잃을 것이 거의 없다고 해도 과언이 아닙니다. 단지 삶의 그림자를 제거하는 것뿐입니다. 하지만 그 대가로 나는 당신에게 무아경과 영생을 약속할 수 있습니다. 결코 두려워할 필요가 없는 거래인 셈이지요. 자, 내 눈을 들여다보십시오."

모트는 천사의 투명한 눈동자를 바라보는 순간, 자신도 모르는 사이에 잠이 들고 말았다.

눈을 떴을 때 모트는 몇 걸음 앞에 타나텔이 서 있는 것을 발견했다.

천사가 환하게 웃으며 말했다.

"현실의 세계로 오신 것을 환영합니다."

모트는 왠지 모르게 젊었을 때처럼 기운이 샘솟는 것을 느꼈다. 관절염도 깨끗이 사라진 듯 가뿐하게 몸을 일으킬 수 있었다. 모트는 타나텔을 향해 다가섰다.

"보십시오."

천사가 흔들의자를 가리키며 말했다.

모트는 몸을 돌려 뒤를 돌아보았다. 거기에는 목숨을 잃은 한 노인이 힘없이 앉아 있었다. 그의 몸뚱이는 섬뜩할 정도로 비현실적이고 유령처럼 창백해 보였다.

모트가 신음하듯 내뱉었다.

"맙소사! 저게 나라니."

타나텔이 즐거운 듯이 웃으며 말했다.

"아닙니다, 모트. 저것은 빈껍데기일 뿐입니다. 당신은 이제 새로운 육신을 갖게 되었습니다. 먼젓번보다 훨씬 더 좋은 육신이지요."

그것은 사실이었다. 너무나도 젊고 가벼운 느낌이었다. 자신의 손을 내려다보니, 피부도 탱탱하게 돌아와 있었다. 모트는 거울에 자기 모습을 비춰 보았다. 맙소사, 어쩌면 이렇게 변할 수 있을까! 자신의 모습을 전혀 알아보지 못할 정도는 아니었지만, 지금의 그는 눈이 부실 만큼 보기가 좋았다. 그때 거울 근처에 있던 무언가가 그의 관심을 끌었다.

모트가 물었다.

"저것은 뭡니까? 거대한 다이아몬드 아닙니까?"

천사가 웃으며 대답했다.

"아닙니다. 그것은 당신의 물컵입니다."

모트가 비명을 질렀다.

"신기한 일이로군요! 모든 것이 밝은 빛과 현란한 색깔로 반짝이고 있군요. 전등 스위치조차 눈부신 흑진주처럼 보이다니. 침대 시트는 하얀 실크의 강처럼 보이는군요. 심지어 내가 침을 뱉을 때 쓰는 타구조차 황금으로 만든 왕관처럼 보여요. 도대체 무슨 일이 벌어진 거죠?"

타나텔이 행복한 표정으로 대답했다.

"아무 일도 없었습니다. 변한 것은 오로지 당신밖에 없습니다. 당신이 변한 것입니다. 이제 당신은 위대해졌습니다. 이제야 비로소 당신은 사물을 있는 그대로 바라볼 수 있게 된 것이지요."

그는 허공을 가리키며 말을 이었다.

"그만 갑시다. 우리는 여기보다 훨씬 더 좋은 곳으로 떠나야 합니다. 무엇보다도 당신은 이제 곧 '나는 곧 나다'를 만나러 가야 합니다."

모트는 자기도 모르게 침을 꿀꺽 삼켰다.

천사가 웃으며 말했다.

"그렇다면… 누구를 말하는지 잘 아실 겁니다."

"그렇다면 내가 하느님을 만나게 되는 겁니까?"

타나텔은 조금도 가식 없는 웃음을 터뜨리며 대답했다.

"그렇지는 않습니다. 당신이 하느님을 만나게 되는 것이 아닙니다. 그분은 그러기에는 너무나 위대하십니다. 그게 아니라 하느님께서 당신을 만나시는 것입니다. 바다가 물고기를 품듯이 말입니다."

"우와! 혹시 지금 내가 정신이 나간 사람처럼 보이지는 않소?"

"그렇습니다. 무아경 속에서 정신이 나간 것 같군요. 자, 어서 갑시다."

그리고 그들은 현실의 땅을 향하여 떠났다.

나만의 천사

　인간을 창조하기로 결심하신 하느님은 이 위대한 계획에 천사들을 참여시키기로 하셨다. 아이디어가 부족해서 그런 것이 아니라, 하느님은 원래 자신의 권력을 나누려는 천부적인 본성을 가지고 계셨기 때문이다. 뿐만 아니라 그 수가 천억에 달하는 천사들 하나하나가 모두 더없이 현명하고 지혜로운 존재였기 때문에 그들이 가진 능력을 충분히 활용하지 않는 것은 엄청난 낭비가 아닐 수 없었다. 게다가 하느님이 한마디 상의도 없이 그 엄청난 프로젝트를 추진하고 있다는 사실이 알려지면, 천사들이 기분 나쁘게 생각할지도 모를 일이었다.

　그래서 어느 날 하느님은 천억의 천사들을 모두 참석시킨 거대한 회의를 열어 자신의 구상을 설명하셨다.

　"나는 인간을 창조하려고 한다. 혹은 '백성'이라는 말로 불릴 수도 있을 것이다. 그래서 나는 그대들의 의견을 듣고 싶다. 모두 최선을 다해 창의력과 상상력을 최대한 발휘해 주기 바란다. 내가 생각하는 구도는 대충 이러하니, 이러한 구도 내에서 여러분의 창의력이 유감없이 발휘될 수 있도록 노력해 주기를 바라노라."

그러면서 하느님은 마음속에 있는 구도를 대략 설명하셨다. 영혼과 육신으로 이루어지며, 남녀 두 가지 성이 있을 것이고, 세대가 이어짐에 따라 영원히 살아갈 것이고, 개별 인간은 모두 동일한 기본 골격과 크기와 각종 장기와 감각 기관을 갖게 될 것이라는 등이었다. 천사들은 이러한 개요를 가진 채 각기 자신의 처소로 돌아가 책상 앞에서 열심히 머리를 짜내기 시작했다. 시간적인 여유는 무한정 주어졌지만(정확히 말하면 일곱 겁), 조금도 낭비할 시간이 없었다. 그 임무는 신성한 것이었으며, 최선의 노력을 기울여야 했기 때문이다. 예기치 못한 난관에 봉착할 때는 아르텔에게 자문을 구했다. 천사들 중에서 미적 감각이 가장 뛰어난(또한 그는 탁월한 기술자이기도 했다) 아르텔은 계획 단계를 감독하는 임무를 맡고 있었.

정확히 일곱 겁이 지난 후 약속한 시간이 되자 천억에 달하는 천사들이 다시 회의장에 모여들었다. 그동안 그들 모두는 지칠 줄 모르고 열심히 일을 했으며, 제각기 자신이 구상한 다양한 각도와 색깔, 그리고 다양한 크기의 인간형을 나타낸 두툼한 청사진을 들고 있었다. 이윽고 나팔 소리와 함께 하느님께서 회의장으로 들어오셔서 단 위에 자리를 잡고 앉으셔서 각자의 연구 결과를 발표해 달라고 요청하셨다.

천사들은 하나하나 앞으로 나가 하느님의 발밑에 자신의 청사진을 펼쳐 놓았다. 그때마다 하느님은 청사진을 조심스럽게 검토하시며 칭찬의 말을 아끼지 않으셨다. 정말 하나하나가 모두 뛰어난 작품이었기 때문에 칭찬을 하지 않을 수 없었던 것이다.

이러한 과정이 진행되는 동안 천사들은 천억 개의 구상 중에서 과연 어떤 것을 하느님께서 선택하실지 자못 기대가 컸다. 물론 모든 천사들은 각자 자신의 구상이 가장 뛰어나며, 그것이 이번 프로젝트의 기본형으로 뽑힐 것이라 믿어 의심치 않았다.

하느님은 모든 천사들의 작품을 일일이 자세히 검토하신 다음, 비로소 옥좌에 몸을 기대며 기쁘게 웃으셨다. 하느님께서 자비로운 목소리로 말씀하셨다.

"모두 뛰어난 작품들을 준비해 주었구나. 모든 구상을 빠짐없이 채택하겠다!"

하느님이 그렇게 발표하시자, 당연히 처음 얼마 동안은 모두 어리둥절한 표정으로 침묵을 지켰지만 이내 엄청난 혼란이 빚어지기 시작했다. 마침내 미카엘이 다른 대천사들의 도움을 받아 수습에 나섰고 간신히 평화와 질서를 되찾을 수 있었다. 그러자 아르텔이 동료들을 대신하여 하느님 앞에서 자신의 생각을 발언할 기회를 잡았다.

"주님, 저희는 주님께서 저희가 제출한 기본형에 근거하여 일련의 인간형을 시험적으로 만들어 보신 다음, 그 가운데 하나를 선택하실 것이라고 생각했습니다."

"아, 무슨 말인지 알겠노라. 그러나 그대들이 정말로 그렇게 생각했다면 실로 안타까운 일이 아닐 수 없노라. 나는 무언가를 창조할 때 절대로 한 번 사용한 방법을 되풀이하는 법이 없기 때문이다. 예를 들어 그대들 자신을 한 번 생각해 보라. 여기 천억의 천사들이 있지만, 그대들 하나하나는 바나나가 코끼리와 다른 것처럼 제각기 다른 영혼을 가지고 있지 않은가."

사실 이 비유는 천사들이 전혀 이해할 수 없는 내용이었다. 그들은 아직 바나나가 무엇이고 코끼리가 무엇인지 알 턱이 없었기 때문이다. 이 대목에서 하느님이 약간 앞서 나간 점은 인정하지 않을 수 없다. 이때 이미 하느님은 자신이 창조할 인간들이 어떤 환경 속에서 살아가게 될지 미리 생각해 두셨던 것이다.

하느님은 달래는 듯한 목소리로 말을 이으셨다.

"그대들도 알다시피, 하나의 틀을 가지고 똑같은 복제품을 대량 생산하는 것은 별로 재미가 없지 않은가. 나는 지문부터 성문聲紋에 이르기까지, 하나하나가 완벽한 독창성을 지닌 참신한 인간을 창조하기 원하노라."

이 엄청난 구상을 알게 된 천사들이 일제히 신음을 토해 냈다.

아르텔이 떨리는 목소리로 되물었다.

"그렇다면 '평범한' 인간은 존재하지 않게 된다는 뜻입니까?"

"그렇다. 내가 창조할 인간은 한정된 삶을 살다가 죽는 것이 아니라, 저 별들과 은하수보다 더 오래 영원히 지속되는 생명을 누리게 될 것이다."

천사들 사이에서 또 한 번 탄성이 터져 나왔다.

하느님이 부드러운 목소리로 말을 이었다.

"뿐만 아니라 나는 그런 인간을 천억 명쯤 태어나게 할 계획이다. 물론 특정한 시대에 따라 적절하게 배분되기는 하겠지만 말이다."

이것은 '측량'과 '통계'를 책임지고 있는 침착한 성품의 대천사 아리스멜이 보기에도 너무 심한 것 아닌가 싶었다.

아리스멜은 하느님에게서 발언권을 얻자, 신중한 목소리로 말했다.

"죄송합니다, 주님. 하지만 말씀대로 인간들이 완벽한 독창성을 가지며, 불멸의 삶을 누리고, 천억에 달하는 개체 수를 가지게 된다면 우리 천사들과 비교해서 어느 모로 보나 거의 맞먹는 수준이라고 해야 하지 않겠습니까?"

하느님은 상대방 마음을 녹여 버릴 듯 매력적으로 웃으셨다.

"그대의 말이 옳다, 아리스멜. 처음에는 그 존엄성이라는 면에서 인간들은 그대들의 바로 아래 자리를 차지하게 될 것이다. 그러나 시간이 지나서 그들을 이곳으로 불러들이게 되면 그들 모두 그대들과 맞먹는 자리를 차지하게 될 것이다."

그러면서 하느님은 이렇게 덧붙이셨다.

"그나저나 그대들 천사와 인간이 수적으로 거의 비슷한 것은 결코 우연이 아니다. 때가 되면 그대들은 한 사람의 인간이 지상에서 삶을 영위하는 동안 그를 보호하고 돕는 임무를 맡게 될 것이기 때문이다. 그렇게 하면 그대들이 인간들을 좀 더 잘 이해하는 데 도움이 되지 않겠느냐? 결국 언젠가 그대들은 인간들과 함께 이곳에서 조화를 이루며 살아가야 할 테니 말이다."

천사들은 이 위대한 하느님의 구상에 탄성을 터뜨리는 한편, 그것이야말로 진정한 걸작이 되리라는 사실을 인정하지 않을 수 없었다. 이내 천사들은 처음과는 전혀 다른 반응을 보이기 시작했다. 몰이해에서 비롯된 반감이 조건 없는 찬사로 바뀐 것이다. 그래서는 안 될 이유가 무엇인가? 어차피 하느님은 모든 천사들의 구상을 남김없이 수용하고 칭찬을 아끼지 않았다. 그러니 이제부터는 모든 천사들이 어떤 인간을 가리키며 자랑스러운 목소리로 "내 소년이 저기 있군!" 혹은 "내 소녀가 저기 있군!" 하고 소리칠 수 있지 않겠는가. 자신의 작품, 그것도 훌륭하게 완성된 자신의 작품을 보고 기뻐하지 않을 천사가 있겠는가 말이다.

그렇게 하여 회의는 천둥소리 같은 박수와 함께 마무리되었고, 하느님은 즉각 자신의 원대한 구상을 실천에 옮기기 시작하셨다.

지금까지 태어난 인간들의 수로 미루어 짐작하건대, 지금도 하느님은 열심히 그 작업을 계속하시는 듯하다.

마지막 시도

　그가 우연히 그들의 대화를 엿들은 것은 정말 본의가 아니었다. 그들은 바로 옆 벤치에 앉아 있었고, 그들의 젊고 맑은 목소리는 그 적막한 목요일 아침의 공원을 휘감고 있는 정적을 흔들어 놓기에 부족함이 없었던 까닭이다. 그는 그들을 슬쩍 훔쳐보았다. 말쑥한 옷차림에 보기만 해도 싱그러운 십 대 후반의 남녀였다. 남자아이는 여자아이를 말린이라고 부르고 있었고, 여자아이는 남자아이를 케빈이라고 불렀다. 그들은 자살에 대한 이야기를 나누고 있었다. 그는 자리에서 일어나 천천히 그들을 향해 다가가며 정중한 목소리로 말했다.

　"미안하네. 우연히 너희들 대화를 엿들고 말았는데, 너희는 자살을 생각하고 있는 모양이더구나. 그건 정말이지 가장 흥미로운 주제가 아닐 수 없지. 내가 잠깐만 너희들 대화에 끼어들어도 되겠니?"

　그는 그렇게 말하고는 대답을 기다리지도 않고 비어 있던 벤치

끄트머리를 차지하고 앉아 웃으며 말했다.

"자, 보다시피 난 노인이고, 죽음은 나에겐 아주 익숙한 문제란다."

청춘 남녀는 사생활이 이런 식으로 갑자가 침해당한 사태에 어떻게 대응해야 할지 갈피를 잡지 못했다. 그저 간단하게 사과의 말을 남기고 일어서서 가 버릴까 하는 생각이 가장 먼저 떠올랐다. 그러나 그들은 눈앞에 나타난 사람이 정신병자나 부랑자와는 전혀 거리가 먼, 아주 세련되고 지적인 신사라는 사실을 깨달았다. 그래서 자신들도 모르는 사이에 그의 등장을 용납하는 결과를 초래하고 말았다.

여자아이가 먼저 입을 열었다.

"그래요, 솔직히 자살에 대한 이야기를 하고 있었어요. 그런데 할아버지는…"

"저런! 내가 원래 이렇게 무례한 편이란다! 내 소개를 하는 것도 잊고 있었으니 말이다. 나는 로버트 멘지스 교수라고, 정신과 의사였지. 지금은 은퇴했지만 말이야. 나는 저기 보이는 갈색 벽돌집에 살고 있어."

그는 그렇게 말하여 몇 백 미터 떨어진 공원 가장자리에 우뚝 선 우아한 주택을 가리켰다.

말린이 가볍게 얼굴을 붉히며 말했다.

"그래요, 저는 말린이에요. 이쪽은 케빈이에요. 우리는 어릴 적부터 친구에요. 말하자면 연인 사이라고 보셔도 괜찮을 거예요."

케빈이 덧붙였다.

"우리는 학생이에요. 대학 4학년이죠."

언뜻 봐도 그 청년은 수다쟁이와는 거리가 먼 유형이었다. 하지만 일단 낯선 사람에 대한 경계심이 풀리고 나자, 자기도 대화에 적극적으로 참여하고 싶은 모양이었다.

"우리가 자살을 생각하고 있는 것은 사실이에요. 물론 할아버지가 보시기엔 미친 생각 같겠지만 말이에요, 그렇죠?"

케빈은 소년처럼 순박하게 웃으며 말했다.

그러자 갑자기 멘지스 교수의 표정이 진지해졌다.

"아, 그렇지 않아! 천만에! 그건 너희의 동기가 어떤 것이냐에 따라서 더없이 합리적인 생각이 될 수도 있지."

두 젊은이는 노교수가 그렇게 활짝 열린 사고방식을 가지고 있는 것을 보고 약간 놀란 표정을 지었다. 그리고 금방 마음을 터놓기 시작했다.

"사실 우리의 동기는 무척 간단해요. 인생의 의미를 찾을 수 없다는 것이 동기죠. 따라서 우리는 살아 있어야 할 이유를 느끼지 못하는 거예요."

말린이 이렇게 말하자, 노인은 생각을 집중하느라 미간을 약간 찌푸렸다.

"너희가 무슨 말을 하는지 짐작이 가는구나."

그는 얼굴에 웃음을 머금고 말했다.

"아무튼 너희 이야기를 들으니 내가 아직 현역 의사로 활동할 때 만났던 몇몇 환자들의 경우가 떠오르는구나. 하지만 이 어리석은 늙은이를 위해 조금 더 자세히 설명해 줄 수 있겠니?"

그들은 잠시 망설였다. 나이가 훨씬 많은 사람에게 자신들의 생각을 설명하려니, 적당한 표현을 찾기가 그리 쉽지 않았던 것이다.

말린이 약간 더듬거리며 입을 열었다.

"글쎄요, 사실 우린 특별한 문제 같은 건 아무것도 없어요. 우리 둘 다 사회 활동에도 적극적으로 참여하고 있고, 공부도 꽤 잘하는 편이에요. 가족하고도 문제없이 지내고 있고요. 그러니 우리를 낙제생이나 사회 부적응자쯤으로 치부하진 말아 주세요. 문제가 있다면 우리 삶이 우리를 어디로 이끌어 가는지 알지 못한다는 점이에요."

케빈도 약간 절망적인 목소리로 끼어들었다.

"그래요. 앞으로 십 년 후의 우리 모습을 그려 볼까요? 좋은 대학을 졸업하고, 좋은 직장에 취직했다고 해요. 근사한 가정을 꾸리고, 아이도 둘쯤 낳았겠죠. 하지만 그래서요? 그 모든 성공이 다 무엇을 위한 거죠? 그래서 뭘 어떻게 하겠단 말인가요? 가만히 생각해 보면 그 모든 것이 부질없는 짓 같아요. 공허, 그 자체란 말이에요."

말린도 생각에 잠긴 표정으로 희미하게 웃었다.

"살아갈 수 있는 수단은 있지만, 어떤 의미를 가지고 살아야 하는지 모르겠어요. 바로 그게 풍요로운 사회 혹은 풍요로운 계층의 가장 커다란 문제점인 것 같아요. 가난한 사람들은 생존을 위한 투쟁에 몰두하고 있지만, 우리는 그런 것에 신경을 써야 할 이유가 없어요. 가난한 사람들은 자신의 사회적·경제적 조건을 개선할 수만 있다면 만사가 잘 풀리고 행복해질 것이라는 꿈을 가지고 있어요. 하지만 우리는 이미 그 꿈에서 깨어난 거죠. 일단 생존 문제가 해결되고 나면 또 다른 문제가 등장해요. 무엇을 위한 생존인가 하는 문제 말이에요."

멘지스 교수는 열심히 그들의 말에 귀를 기울이고 있었다. 그토록 매력적이면서도 그토록 큰 슬픔을 안고 있는 두 젊은이들을 보니, 말할 수 없는 연민의 정이 피어오르는 것 같았다.

"음, 그렇다면 너희도 그런 결론에 도달하기까지 삶의 의미를 찾기 위해 많은 노력을 기울여 보았겠구나. 너희가 어떤 것들을 경험했는지 물어봐도 될까?"

말린과 케빈은 씁쓸하게 웃으며 서로를 바라보다가 케빈이 대답했다.

"솔직히 말해서 우리는 안 해 본 게 없어요. 스포츠, 예술, 마약, 섹스, 가난한 사람들을 위한 봉사… 무엇이든 말씀만 해 보세요. 우리가 이미 해 본 것일 테니까요."

노인은 잠시 생각에 잠겼다.

"옳지, 하느님은 어때? 하느님도 시도해 보았니?"

말린과 케빈은 그 순진한 질문에 웃음을 터뜨렸다.

그러다가 말린이 소리쳤다.

"그럼요! 우리는 모든 형태의 종교를 다 시도해 보았어요. 초월명상, 요가, 불교, 힌두교, 이슬람교…"

케빈도 신이 나서 덧붙였다.

"우리는 미사에도 몇 번이나 참석해 보았어요."

멘지스 교수가 그들의 말을 반박했다.

"아, 나는 지금 '종교' 이야기를 하는 게 아니야. 종교가 아니라 하느님에 대한 이야기를 하고 있는 거야. 하느님도 시도해 보았니?"

두 젊은이는 어리둥절한 표정을 지었다. 말린이 난감한 듯이 물었다.

"그게 그거 아닌가요?"

노인은 유쾌한 웃음을 터뜨렸다.

"아, 아니지! 그건 전혀 달라. 밤과 낮만큼이나 다른걸."

말린과 케빈은 얼굴을 마주보았다. 그것은 정말 난생 처음 들어 보는 소리였다. 도대체 이 멘지스 교수라는 할아버지가 무슨 소리를 하고 있는 거지?

노인이 말했다.

"아마 너희에게는 별로 익숙하지 않은 이야기인 모양이구나. 안타까운 일이군. 하느님이야말로 너희의 고민을 완벽하게 해결해 줄 존재인데 말이야. 만약 하느님이 삶의 의미를 찾는 데 도움을 주지 못한다면 그때는 내가 발 벗고 나서서 자살이야말로 유일한 대안이라는 사실을 인정하지."

이제 두 젊은이는 멘지스 교수가 무엇 때문에 그렇게 자신만만해 하는지 궁금해지기 시작했다. 아무리 봐도 교수는 나름대로 삶의 의미를 발견한 사람 같았다. 그의 환한 웃음과 평화로운 용모가 그 점을 여실히 드러내 보이고 있었다. 그에게 성공을 가져다준 방법이 있다면 우리도 한 번쯤 시도해 볼 가치가 있는 것 아닐까 하는 생각이 들었다.

케빈이 망설이는 표정으로 말했다.

"좋아요. 우리는 할아버지가 무슨 말씀을 하는 건지 정확히는 알지 못해요. 하지만 좀 더 알고 싶다는 생각은 드는군요. 어떻게 하면 할아버지 말씀대로 '하느님을 시도'해 볼 수 있죠?"

노인은 웃었다. 이야기가 아주 잘 풀려 가고 있는 것이 고마울 따름이었다.

그리고 코트 주머니에서 조그만 책자를 하나 꺼냈다. 표지에는 「4복음서」라는 제목이 쓰여 있었다.

"음, 사실은 아주 간단하단다. 매일같이 이 조그만 책자를 하루에 석 장씩 읽기만 하면 되거든. 그렇게 해서 다 읽으려면 한 달쯤 걸릴 거야. 정확히 말하면 삼십 일이 걸리겠지. 매일 그날 읽은 내용을 곰곰이 생각해 봐. 그게 끝나면 무릎을 꿇고 앉아서, '나자렛의 예수님, 당신이 어딘가 존재하신다면 저를 도와주세요.' 하고 말하는 거야. 그게 전부란다."

두 젊은이는 어리둥절한 표정을 지었다.

"그게 전부라고요?"

멘지스 교수가 대답했다.

"그렇다니까. 아 참, 한 가지 깜빡했군. 난 매일 아침마다 이 시간이 되면 이 벤치에 앉아 있을 거란다. 난 이 공원을 무척 좋아하니까. 그러니 무언가 질문할 것이 있으면 나를 찾아오렴. 기쁜 마음으로 최선을 다해 도와주마."

말린과 케빈은 그런 간단한 방법으로 삶의 의미를 찾을 수 있다는 말이 좀처럼 믿어지지 않았다. 멘지스 교수는 재빨리 그들의 그런 눈치를 알아차렸다.

교수가 진지한 목소리로 말했다.

"잘 들어 봐. 너희는 아까 '모든 것'을 다 시도해 보았다고 했지? 그러니 내가 말한 방법을 시도해 보지 않는다면 앞으로는 두 번 다시 '모든 것'을 다 시도해 보았다는 말은 할 수 없을 거야. 그런 상태에서 자살을 한다는 것은 비겁하고 정직하지 못한 행동이 되겠지.

동의할 수 있겠니?"

그들도 멘지스 교수의 말에 일리가 있음을 인정하지 않을 수 없었다.

이윽고 케빈이 대답했다.

"좋아요. 한 번 해 볼게요. 하지만 딱 한 달만이에요, 아셨죠?"

"알았다. 그러고 나서도 여전히 자살하고 싶은 마음이 사라지지 않는다면 내가 기꺼이 가장 깨끗하고 멋있게 자살할 수 있는 방법을 가르쳐 주마."

모두 웃음을 터뜨렸다. 말린과 케빈은 멘지스 교수의 소책자를 받아들고 작별 인사를 했다.

이미 강의 시간에는 늦었다. 노인은 공원을 나서는 그들의 뒷모습을 바라보며, 과연 그들을 다시 만날 수 있을까 하는 생각을 했다.

하지만 그것은 쓸데없는 걱정이 되고 말았다. 바로 그다음 날 다시 공원을 찾아온 그들은 수많은 질문을 퍼부었다. 마태오 복음의 예수님 유년기 이야기라든지, 복음서가 문학적으로 어떤 장르에 속하는지, 또는 그런 종류의 글이 역사적으로 어떤 의미를 가지는지 등에 대해서 자기들의 생각을 털어놓기도 했다.

그들의 질문은 아주 지적이고 분명했다. 비록 예수 그리스도와 그의 메시지, 그의 사명과 본성에 대해서는 완전히 핵심을 파악했다고 할 수는 없었지만 말이다. 멘지스 교수는 그들의 모든 질문에 명확하고 완벽하게 설명해 주었다. 어찌나 명쾌한지 한 시간가량 토론을 마치고 자리에서 일어서던 말린이 이렇게 말했을 정도였다.

"우와, 대단하시네요, 교수님! 예수님과 복음서에 대해서 그렇게 많이 알고 계시는 걸 보니 교수님은 전직 정신과 의사가 아니라 성경 해석학자 아니었어요?"

말린은 멘지스 교수가 성경의 과학적 연구를 언급하면서 몇 차례 들먹인 '성경 해석학'이라는 용어를 써먹었다.

교수가 웃으며 대답했다.

"그래? 칭찬을 해 주어서 고맙긴 하지만, 사실 꼭 그런 것은 아니야. 오랜 세월 동안 일종의 취미 삼아 성경을 공부하다 보니 그렇게 된 거지."

그날 아침을 계기로 그와 비슷한 토론이 수없이 이어졌다. 말린과 케빈은 하루도 빠짐없이 학교 등굣길에 공원을 찾아와 멘지스 교수에게 이런저런 질문을 던지곤 했다. 그들의 질문은 복음서의 모든 측면을 포괄하는 것이었다. 처음에는 주변적인 주제에 머물렀지만, 날이 갈수록 그들은 복음서의 핵심, 즉 예수 그리스도에 초점을 맞추기 시작했다. 그들은 나자렛 예수라는 인물에게 점점 더 매료되어 갔다. 예수 그리스도는 복음서를 읽을 때마다 한층 더 생생하게 그들 가슴속에서 되살아나는 듯했고, 그럴 때면 왠지 가슴속이 따뜻해지는 기분에 사로잡히곤 했다. 나아가 한 번도 그 가능성을 인정해 본 적이 없는 삶의 의미라는 것이 서서히 모습을 드러내기 시작하는 느낌이었다.

멘지스 교수는 두 젊은이를 만날 때마다 자신의 제안을 충실히 따르고 있는지 확인했다. 복음서를 읽고 나면 무릎을 꿇고 앉아서 자기가 가르쳐 준 간단한 '기도'를 암송하고 있는가 하는 것이다. 말린과 케빈은 처음에는 약간 어색했지만, 한 번도 거르지 않고 멘지스 교수의 제안을 이행했다.

이런 하루하루가 이십구 일 동안 계속되었다. 이윽고 삼십 일째가 되던 날 두 젊은이는 여느 때와 다름없이 공원에 나왔다. 그날 아침 그들은 요한 복음의 마지막 장을 읽었기 때문에 그 소책자를 멘지스 교수에게 돌려줄 생각이었다. 그러나 웬일인지 멘지스 교수의 모습은 어디서도 찾을 수 없었다.

마침 그날은 토요일이라 강의가 없었기 때문에 그들은 오랜 시간 동안 멘지스 교수를 기다렸다. 그러나 노인은 끝내 모습을 나타내지 않았다. 이윽고 문득 무슨 병이라도 걸려 앓아누운 것은 아닐까 하는 생각이 들어서 그의 집을 찾아가 보기로 했다. 그래서 말린과 케빈은 멘지스 교수를 처음 만났던 날 그가 가리킨 갈색 벽돌집을 찾아갔다.

초인종을 누르니 어떤 할머니가 문을 열어 주었다.

말린이 물었다.

"멘지스 교수님을 잠깐 뵐 수 있을까요? 교수님 댁 맞죠?"

그러자 할머니는 잠시 어리둥절한 표정을 짓더니, 이내 맑게 웃었다. 어떻게 된 영문인지 이해를 하기 시작한 모양이었다.

할머니가 상냥한 목소리로 말했다.

"나는 멘지스 부인이야. 우리 남편을 찾아온 모양이지?"

케빈이 대답했다.

"네. 저희가 한 달 동안 매일 아침마다 공원에서 교수님을 만났거든요."

케빈은 그녀에게 멘지스 교수의 조그만 책을 보여 주었다.

"이 책에 대해서 교수님과 많은 대화를 나누었어요. 그런데 오늘 아침에는 공원에 나오지 않으셔서 무슨 병이라도 나셨나 하고 찾아와 본 거예요."

멘지스 부인이 웃으며 대답했다.

"알았다. 들어와서 커피 한 잔 하겠니? 너희에게 보여 줄 것도 있고 해서 말이다."

말린과 케빈은 집 안으로 들어갔다. 아담한 거실로 들어서니 사방에 책들이 꽂혀 있었고, 한쪽 벽에는 멘지스 교수의 초상화가 걸려 있었다. 그들이 자리에 앉자, 이내 멘지스 부인이 따뜻한 커피를 쟁반에 담아 왔다. 쟁반에는 신문에서 오려 낸 기사 조각이 하나 놓여 있었다.

멘지스 부인이 커피를 따르며 말문을 열었다.

"너희가 충격을 받지나 않을까 걱정이구나. 보다시피, 내 남편은 구 년 전에 세상을 떠났단다. 바로 이게 그 당시 신문에 실렸던 그 양반의 부고야."

멘지스 부인은 환하게 웃으며 말을 이었다.

"혹시라도 너희가 나를 터무니없는 거짓말이나 꾸며 대는 미친 늙은이로 생각할까 봐 이 기사를 보여 주는 거야. 하지만 그 양반이 세상을 떠나고 난 뒤, 그 양반을 만나서 이야기를 나누었다는 사람들이 너희가 처음이 아니란다. 생전에 입버릇처럼 죽고 나서도 가끔 이승으로 돌아와서 사람들에게 '봉사'해야겠다고 말하곤 했는데, 이렇게 그 양반을 만났다는 사람이 심심찮게 나타나는 것이 아무래도 그 생각을 실행에 옮기고 있는 모양이구나."

말린과 케빈은 어찌나 놀랐는지 말문이 막힐 지경이었다. 도대체 이 할머니가 무슨 소리를 하고 있는 것일까? 그들은 어리둥절한 표정으로 신문 기사를 들여다보았다. 그 사망 기사에는 멘지스 교수임에 틀림없는 인물의 사진과 함께 정신과 의사로서 남다른 명성을 쌓은 약력이 소개되어 있었다.

그가 정말로 구 년 전에 세상을 떠난 사람이라는 사실에 더 이상 의문의 여지가 없었다.

케빈이 간신히 입을 열었다.

"하지만 그렇다면…."

말린이 그의 말을 가로챘다.

"그래요. 그럼 우리가 매일같이 공원에서 만나 이야기를 나눈 사람은 누구였죠?"

그들은 몇 번이나 신문 기사와 벽에 걸려 있는 초상화를 들여다보았다. 결론은 너무나도 분명했다. 사진의 인물은 그들이 공원에서 만났던 바로 그 할아버지임에 틀림없었다.

멘지스 부인이 동정 어린 얼굴로 웃었다.

"너희의 기분을 이해할 수 있겠구나. 하지만 아까도 말했듯이 가끔 이런 일이 벌어지곤 한단다. 그래서 나는 이제 별로 놀라지도 않지. 그 양반은 숨을 거두기 전에 나에게 이렇게 말했었지. 지금도 생생하게 기억에 남아 있단다. '샬롯, 나는 하느님에게 이따금 세상으로 돌아올 수 있게 해 달라고 부탁할 참이오. 이 땅에서 살아가는 사람들을 도울 수 있도록 말이오.' 아마도 하느님이 그 양반의 소원을 들어 주신 모양이야. 많은 사람들이 너희와 비슷한 경험을 하는 것을 보니 말이다."

말린과 케빈은 도무지 무슨 말을 해야 할지 갈피를 잡을 수 없었다. 그저 멀뚱멀뚱 서로를 바라보며, 이제는 두 번 다시 멘지스 교수를 만날 수 없을 것이라는 생각에 가슴이 아플 뿐이었다. 하지만 멘지스 교수가 죽고 나서도 살아 있는 사람들을 만날 수 있다는 생각을 하니 조금은 위안이 되었다. 두 젊은이는 자리에서 일어났다.

그들이 막 작별 인사를 하려고 할 때 멘지스 부인이 물었다.

"혹시 내 남편이 너희에게 도움이 되었는지 물어봐도 되겠니?"

그러자 멘지스 교수의 두 젊은 친구들은 활기찬 목소리로 감사의 뜻을 전했다.

말린이 놀라는 듯이 웃으며 말했다.

"그럼요! 도움이 되고말고요! 저희에게는 고민이 있었거든요. 교수님께서 그 해결책을 찾도록 도와주셨어요."

케빈도 총명한 두 눈을 반짝이며 밝은 목소리로 덧붙였다.

"그래요. 교수님은 저희가 궁극적인 해결책을 찾을 수 있도록 도와주셨어요. 무슨 뜻인지 아실지 모르겠지만 말이에요."

세 사람은 함께 웃음을 터뜨렸다. 그들은 모두 멘지스 교수가 어떤 뜻을 품고 있었는지 너무나 잘 알고 있었다.

위대한 사람

　전신이 마비된 여인이 휠체어에 몸을 의지한 채 발레리의 병실로 들어섰다. 발레리가 똑바로 침대에 누워 공허한 눈길로 천장을 응시하고 있을 때였다.
　여인은 자신을 데려다준 간호사에게 말했다.
　"고마워요, 미리암. 삼십 분 후에 데리러 올 수 있겠어요?"
　간호사가 물러가자, 방문객은 사려 깊은 눈으로 발레리의 얼굴을 바라보았다. 창백했지만 아름다운 얼굴이었다. 금빛 눈썹과 깊고 푸른 눈동자, 높은 광대뼈, 고전적인 코, 도톰한 입술과 강인해 보이는 턱이 무척이나 매력적이었다. 여인은 새로운 의지가 샘솟는 것을 느꼈다. 여기 남다른 개성을 지닌 소녀가 있다. 그녀에게 축복 있기를. 그녀에게는 지금 축복이 필요하다.
　부인이 발레리를 향해 말했다.
　"나는 에스더 뱅크스라고 해요. 아가씨는 발레리 노스죠? 사람들한테서 아가씨에 관한 이야기를 들었어요."

발레리는 아무런 반응도 보이지 않았다. 그저 말없이 천장을 응시할 뿐이었다.

"나는 '심장 치료 전문가'예요, 발레리. 혹시 내 도움이 필요하지 않나요?"

발레리의 얼굴에 일말의 놀라움이 스쳐 갔다. 그리고 처음으로 고개를 돌려 방문객의 모습을 바라보았다. 에스더 부인을 바라보는 그녀의 눈동자가 믿을 수 없다는 듯이 한층 커졌다.

"하지만 당신은…."

"그래요, 나도 당신처럼 사지가 마비된 환자예요. 목 아래는 전혀 움직이지 못하죠. 그래도 나는 '심장 치료 전문가'예요."

이제 발레리의 입술에 보일 듯 말 듯 희미한 웃음이 번졌다.

"그런 용어는 처음 들어 보는 걸요."

에스더 부인도 웃었다.

"그럴 거예요. 그런 용어가 없으니까요. 사실은 나 스스로 만든 용어예요. 말 그대로 '사람의 심장을 치료하는 사람'이라는 뜻이죠. 물론 의학적인 치료는 아니고, '영적인 치료'라고 해야겠지만 말이에요."

발레리는 얼굴을 찌푸렸다. 영적인 치료를 받는다는 말이 왠지 별로 마음에 들지 않아 물었다.

"뭘 어떻게 하시게요?"

에스더 부인이 간단하게 대답했다.

"나는 사람들에게 감각을 불어넣어 줘요. 사지가 마비된 사람이 어떤 일을 할 수 있는지에 대한 정보를 제공하는 거죠."

발레리는 처음과 같은 원래 자세로 고개를 돌려 버렸다. 그녀의 얼굴에는 실망한 기색이 역력히 떠올랐다. 한 달 전 자전거를 타다가 사고를 당한 이후 온몸이 마비되어 버린 그녀는 극심한 좌절감과 무력감에 사로잡혀 있었다.

발레리가 냉소적인 목소리로 되물었다.

"죽기를 기다리는 것 말고 무슨 할 일이 있죠?"

에스더 부인은 그런 냉소를 무척 좋아했다. 바꿔 생각하면 발레리의 가슴속에 아직 살아 있는 불꽃이 남아 있다는 증거가 되기 때문이었다.

"그렇지 않아요, 발레리. 사지가 마비된 사람도 아주 많은 일을 할 수 있어요. 볼 수 있고 들을 수 있고 맛을 보거나 냄새를 맡을 수 있어요. 시원한 산들바람을 느낄 수도 있고 얼굴에 내리쬐는 따사로운 햇볕을 느낄 수도 있어요. 하지만 더욱 중요한 건 생각을 하고 말을 할 수 있다는 점이죠. 심지어 돈을 벌어서 먹고 살 수도 있어요. 노래를 하거나 눈물을 흘릴 수도 있고요. 무엇보다도 가장 중요한 건 기도를 할 수 있다는 점이에요."

에스더 부인은 자기 자신의 경우를 예로 들며 자신의 주장을 자세하게 설명했다. 그녀는 교통사고를 당해 사지가 마비되었지만, 서른다섯의 나이에 새로운 직업을 가질 수 있었다. 프랑스어를 유창하게 구사할 수 있었기 때문에 영적 주제를 다룬 책을 번역하면서 생계를 해결할 수 있었던 것이다.

여기까지 이야기했을 때 간호사가 에스더 부인을 데리러 왔다.

"그만 가 봐야겠군요. 하지만 내 수다가 귀찮지 않다면 다음 주에 다시 들릴게요."

발레리는 별로 귀찮다는 생각이 들지 않았다. 솔직히 말해서 에스더 부인과 함께 있는 동안 묘한 위안을 얻을 수 있었다. 적어도 똑같이 비극적인 조건에 처해 있는 사람이 있다는 것만으로 큰 위로가 되었다. 게다가 발레리의 가족은 지금 입원해 있는 병원에서 멀리 떨어진 조그만 마을에 살고 있었기 때문에 자주 찾아올 수 없는 형편이었다. 그런저런 이유 때문에 그녀는 에스더 부인의 방문을 고마운 마음으로 받아들일 수 있었다.

다음 주 같은 요일 같은 시간이 되자 에스더 부인은 어김없이 발레리를 찾아왔다. 병실로 들어서자마자 에스더 부인이 물었다(그녀는 이렇게 갑작스러운 질문으로 대화를 시작하는 것을 좋아했는데, 대화에 양념을 치는 효과를 볼 수 있어서였다).

"사지가 마비된 사람들의 수호성인이 누구인지 아세요?"

발레리도 꽤나 신심이 깊은 편이었지만, 에스더 부인의 질문에는 대답을 할 수 없었다.

에스더 부인이 의기양양한 목소리로 말했다.

"예수 그리스도랍니다! 그분도 손발에 못이 박혀서 사지가 마비된 상태를 경험했으니까요."

"그렇군요. 하지만 예수님은 그것으로 끝이었어요. 그 후 아무 일도 할 수 없었잖아요."

에스더 부인이 웃는 얼굴로 반박했다.

"저런, 그렇지 않아요. 여전히 사지가 마비된 상태로 예수님이 하신 일들이 얼마나 많은지 생각해 보세요. 그분은 자신을 죽인 사람들을 용서하셨어요. 착한 강도에게 희망을 주셨어요. 어머니에게 사도 요한을 맡기셨어요. 결국에는 당신 영혼을 하느님께 바침으로써 이 세상을 구원하기까지 하셨잖아요. 나는 바로 그것이 전신 마비 환자들의 숭고한 운명이라고 말하고 싶어요."

발레리는 사고를 당한 후 처음으로 웃음을 터뜨렸다. 에스더 부인이 찾아온 뒤로 우울했던 기분이 조금씩 나아지는 것 같았다. 이제 발레리는 이 여자가 무엇 때문에 자신을 '심장 치료 전문가'라고 부르는지 이해할 수 있을 것만 같았다.

그렇게 한 주일 한 주일씩 에스더 부인의 방문이 거듭되었다. 발레리의 몸은 여러 차례에 걸친 척추 수술(별다른 효과를 보지는 못했지만)

위대한 사람

의 후유증을 이겨 내기 시작했고, 영혼도 에스더 부인의 치료 효과를 느끼기 시작하고 있었다.

어느 날 에스더 부인이 말했다.

"내가 처음 여기에 찾아왔을 때 사지가 마비된 사람들이 할 수 있는 일들을 열거한 적 있죠? 기억해요?"

"네, 왜요?"

"그때 한 이야기를 마무리하고 싶어서요. 사지가 마비된 사람들이 할 수 있는 것이 무엇인지 알아요?"

발레리는 영문을 알 수 없었다.

"그게 무슨 뜻이에요?"

"내 말은, 그들에게도 선택권이 있다는 뜻이에요. 'SS'나 'GG' 중에서 하나를 선택할 수 있거든요."

"그래요? 그건 또 뭐죠?"

"SS란 '엄살을 떨거나 화를 잘 내는 사람'(Snivelling Sorehead)을 말해요. 다시 말하면 자신의 운명에 대한 불평으로 삶을 낭비하는 자기중심적이고 엄살이 심한 사람이죠."

"그렇군요. 그럼, GG는 뭐죠?"

에스더 부인은 웃었다.

"GG는 '위대한 사람'(Great Guy), 즉 다른 사람을 위해서 자신의 삶을 바치는 사람을 말해요. 예수 그리스도도 일급 GG였죠. 발레리,

당신도 머지않아 SS나 GG 가운데 하나를 선택해야 할 거예요. 어떻게 할래요?"

에스더 부인의 말에 발레리는 많은 생각에 잠기게 되었다. 사고를 당한 이후 자신은 SS에 훨씬 더 가까운 모습을 보이지 않았던가? 이제 그런 분노와 불만에서 빠져나와 참된 변화를 도모해야 할 때가 되지 않았는가?

이윽고 발레리는 평생을 장애인으로 살아야 하는 처지로 병원을 나와 집으로 돌아갈 날을 맞이했다. 그날은 에스더 부인이 병원을 찾아오는 요일이 아니었기 때문에 발레리는 그녀에게 쪽지를 한 장 남겼다. 거기에는 이렇게 씌어 있었다.

"사랑하는 친구에게. GG가 되기 위해 최선을 다해 볼게요. 나를 위해 기도해 주세요. 당신의 기도가 필요해요."

발레리는 그 약속을 완벽하게 지켰다. 그 후 3년에 걸쳐 그녀는 동생인 제랄딘과 친구 두 명의 도움으로 자기가 사는 지역의 사지 마비 환자들을 연결하는 커뮤니케이션 네트워크를 설립했다. 얼마 지나지 않아 그 조직은 'SQ'(Squad), 혹은 '사지 마비 환자 협회'(Society of Quadriplegic)라는 이름으로 장애인들을 돕기 위해 헌신하는 전국 조직으로 발전했다. 그들은 현재 의학 연구에 대한 정보를 제공하는가 하면, 개인 신상 명세와 비디오테이프를 제작하거나 장애인들에게 희망과 용기를 주는 내용의 카세트테이프를 만들기도 했다.

각종 박애주의자들의 단체에서 자금을 지원받았다. 젊은 발레리가 휠체어에 앉은 채 효과적이고 활동적으로 조직을 이끌어 가는 모습을 본 사람이라면 누구나 최대한의 지원을 아끼지 않았다. 발레리와 SQ 덕분에 수많은 장애인들이 삶의 새로운 의미를 찾아가고 있었다.

물론 그동안 에스더 뱅크스 부인은 기회가 있을 때마다 발레리를 찾아갔다. 물론 그녀의 몸 상태로는 쉬운 여정이 아니었지만, 어떤 어려움도 그녀를 막지 못했다. 마찬가지로 발레리 역시 에스더 부인이 사는 도시에 볼일이 있을 때면 언제나 그녀를 찾아갔다. 에스더 부인은 언제 만나도 수많은 자극과 영감을 불어넣어 주는 좋은 친구였다. 이렇게 하여 그들의 우정은 더 한층 튼튼하게 뿌리를 내릴 수 있었다.

많은 세월이 흘렀다. 어느 날 발레리는 의료계 관계자를 만나 이야기를 나누던 중 손상당한 척추 세포를 재생할 수 있는 약품이 실험 단계에 접어들었다는 소문을 들었다. 아직 인체에는 사용해 본 적이 없지만, 실험용 쥐에게 투여해 대단히 만족스러운 결과를 얻었다는 것이다. 그래서 의료계에서는 약효를 입증할 자원자를 찾고 있었지만, 치명적인 부작용이 나타날 수도 있기 때문에 선뜻 나서는 사람이 없다는 이야기였다.

그날 밤 발레리는 십자가를 마주 보면서 오랜 시간 기도에 몰두했다. 십자가에 못 박힌 예수 그리스도가 사지 마비 환자들의 수호성인이라던 에스더 부인의 말이 떠올랐다. 다음 날 아침 그녀는 결단을 내렸다. 약물 실험에 지원하기로 한 것이다. 설령 최악의 결과가 초래된다 하더라도 SQ를 이끌어 갈 사람들은 얼마든지 있었다. 그 대신 그녀가 내놓을 수 있는 것이라고는 목숨밖에 없었고, 자신을 희생해 조금이라도 의학적 진보를 앞당길 수만 있다면 기꺼이 하나밖에 없는 목숨을 걸 준비가 되어 있었다. 자신과 같은 처지에 놓인 장애인들을 위해 목숨을 건다는 것은 실로 보람 있는 일이 아닐 수 없었다.

그래서 발레리는 애타게 자원자를 찾고 있던 연구소를 찾아가 삼 주에 걸친 실험 치료에 자신의 몸을 맡겼다. 처음에는 약이 긍정적인 효과를 발휘하는 듯했다. 그러나 어느 날 갑자기 하룻밤 사이에 그 약은 치명적인 독이 되어 그녀의 몸을 유린하기 시작했다. 당연히 실험은 즉각 중단되었지만, 그때는 이미 이 용감한 아가씨가 죽음의 문턱을 넘어선 다음이었다.

그 소식을 들은 에스더 부인은 한달음에 친구의 침대 옆으로 달려왔다. 발레리는 혼수상태에 빠져 가끔씩 의식이 돌아왔다 말았다 하고 있었다. 그러나 마지막 순간 그녀는 에스더 부인을 알아보고 간신히 몇 마디를 나눌 수 있었다.

"내가 아직도… 할 수 있다고 생각해요?"

"무얼?"

발레리는 가쁜 숨을 몰아쉬며 힘겹게 말을 이었다.

"GG가 되는 것. 나는 이제… 몇 시간밖에 남지 않았잖아요."

에스더 부인의 두 뺨에 눈물이 흘러내렸다.

"이미 됐다니까."

"그럼?"

"그래, 발레리. 넌 이미 오래전에 GG가 되었어."

긴 침묵이 이어졌다. 발레리는 한 모금의 공기를 들이쉬기 위해 안간힘을 쓰고 있었다.

"고마워요."

또다시 힘겨운 침묵이 흐른 끝에, 발레리가 짓궂게 웃으며 친구를 바라보았다.

"부인은 언제나… 사람들을… 과대평가하는… 경향이 있는 것 같아요."

에스더 부인이 부드럽게 대답했다.

"그럴 만하니까 그러는 거지. 어차피 이 세상의 삶은 한 번 왔다가 가는 거야. 하지만 사람은 영원해. 충분히 과대평가할 가치가 있거든."

발레리는 다시 몇 분 동안 의식을 잃었다. 마지막으로 한 번 더 정신을 차린 발레리가 차분한 목소리로 속삭였다.

"그만 가야 할 것 같아요. 천국에서… 곧 다시 만나요."

이것이 그녀가 남긴 마지막 말이었다.

에스더 부인은 친구가 평화롭게 하느님의 빛 속으로 돌아가는 것을 지켜보며 나지막이 속삭였다.

"그래, 곧 다시 만나자, GG."

대의라고? 정말!

테오도르 P. 스탠위크는 대의大義를 무엇보다도 중시하는 신문 편집자였다. 그리고 엄청나게 바쁜 사람이기도 했다. 아침 잠자리에서 일어나자마자 그의 머릿속은 하루 일과를 계획하며 정신없이 돌아가기 시작했다. 하지만 그는 까맣게 몰랐지만 그날은 그의 인생에서 마지막을 장식할 날이었다.

여느 때와 마찬가지로 그는 아내를 협박하다시피 해서 욕실에서 밀어내고 먼저 샤워를 하고(사실 샤워를 마치고 가족들의 아침 식사를 준비해야 하는 아내가 더 바쁜 사람이었는데도) 없어진 양말 한 짝을 찾아내라고 미친 듯이 아내를 들볶았으며(결혼한 지 삼십 년이 지났으면 이제는 그가 목요일에는 언제나 초록색 양말을 신는다는 것쯤은 알아 둘 때도 되지 않았는가?) 아이들에게도 사정없이 성질을 부려 공포 분위기를 조성했다. 그러고 나서 아침 식탁에 앉자마자 가족은 안중에도 없다는 듯 신문을 펼쳐 들었다. 그는 남아프리카 공화국에서 또다시 터져 나온 인종 차별 문제에 대한 기사를 읽으며 피부색이 검은 형제들에 대한 사랑이라고는 눈곱만큼도 없는 백인 족속들에게 아낌없는 비난을 퍼부었다.

그런 다음 테오도르는 가족에게 작별 인사도 하지 않고 사무실을 향해 집을 나섰다. 그의 머릿속에는 모든 형태의 인종 차별에 대한 증오가 끓어오르고 있었다.

사무실을 향해 자동차를 모는 동안에는 극심한 교통 체증 때문에 짜증이 나서 돌아 버릴 지경이었다. 이따금 최소한의 틈이라도 보이면 총알처럼 그 사이를 비집고 들어가는 묘기를 자랑하며 일요일 소풍이라도 가는 것처럼 느긋하게 차를 모는 다른 운전자들을 향해 주먹을 흔들어 보이기 일쑤였다.

그날 아침 그가 사무실에 도착하자, 여느 때처럼 충직한 부하 직원 제스 크리스티가 정중하게 인사를 건넸다. 제스 크리스티는 벌써 몇 년째 초인적인 인내심을 발휘하며 테오도르를 보좌하고 있었다. 그에게 무엇이 필요할지 미리 예측해서 준비해 두는가 하면 최고의 아이디어를 제공하기도 하는 등 가능한 모든 방법을 동원하여 그를 도왔다. 그러나 테오도르 P. 스탠위크가 그런 부하 직원의 존재 자체를 거의 알아주지 못하고 있는 것은 조금도 이상한 일이 아니었다. 그에게는 커피 잔을 건네주거나 흠잡을 데 없이 타자를 친 연설문을 건네주는 부하 직원에게 고맙다는 인사를 할 여유가 없던 것이다.

그는 그날 아침 시간을 이 나라의 썩어 빠진 외교 정책을 질타하는 논설을 쓰는 데 할애했다. 그 사이 제스 크리스티는 수없이 불려 와 이런저런 지시를 받았다. 니카라과 관련 자료들은 어디에 있느냐, 정부가 지난주 국제 테러 단체에 대해 발표한 선언 내용은 무엇이었느냐, 칠레 차기 대통령 후보가 누구냐 등등. 불쌍한 제스는 그때마다 테오도르에게 필요한 자료를 찾아 주기 위해 정신없이 뛰어다녀야 했다.

정오가 되자 제스는 테오도르를 태우고 도시 빈민을 위한 기금 마련 만찬 회장으로 차를 몰았다. 그 자리에서 테오도르는 감동적인 연설로 청중의 박수를 이끌어 냈다. 성공적으로 연설을 끝낸 안도감이 채 사라지기도 전에, 한 웨이터가 본의 아니게 그의 손에 고기 국물 한 방울을 떨어뜨렸다. 그러자 테오도르는 불같이 화를 냈다.

"지금 무슨 짓을 하고 있는지 네 녀석 눈에는 보이지도 않나, 이 멍청아?"

그 웨이터 역시 말할 필요도 없이 도시 빈민에 속한 사람일 텐데.

오후에 테오도르는 전국 규모의 잡지에 기고할 여성주의에 대한 에세이를 썼다. 테오도르는 무엇보다도 여성을 최대한 정중하게 대접하는 것이 가장 중요하다는 사실을 누누이 강조했다. 온갖 미사여구를 총동원해 자신이 꿈꾸는 사회, 여성이 '남편의 노예가 아니라 진정한 배우자로서 정당한 대접을 받는' 사회를 묘사할 때는 정말 신바람이 나는 것 같았다. 그러나 이 세련된 문구는 불과 몇 분 후 '블룸 씨' 대신에 '플룸 씨'한테 전화가 왔다고 잘못 전달한 여비서에게 날벼락 같은 호통을 치는 것을 막아 주지 못했다. 그 가련한 아가씨는 결국 눈물까지 흘리며 당장 그만두겠다고 난리를 피웠지만, 제스 크리스티가 발 벗고 나서서 말리고 달래 간신히 진정시킬 수 있었다.

 마침내 그렇게 하루가 지나갔다. 테오도르는 제스에게 마지막으로 한 번 더 심부름을 시킨 다음, 붐비는 때를 피하기 위해 서둘러 사무실을 나섰다. 집으로 돌아가는 그의 손에는 제3세계 기아 문제에 대한 두툼한 자료가 들려 있었다(최근 그는 이 문제에 지대한 관심을 가지고 있었고 외채 관리 능력에 대한 비판을 담은 공개서한을 세계은행에 보낼 계획도 세웠다). 그런 중요한 문제들이 머릿속을 점령하고 있으니, 아내나 자식들을 상대로 대화를 나눌 여유가 있을 리 없었고, 집에 도착하자마자 곧장 서류 더미에 파묻혔다.

 그날 밤 테오도르는 자다가 심장 마비로 세상을 떠났다.

 그의 강연을 듣거나 그의 글을 읽은 사람들은 테오도르를 굉장히 위대한 사람이라고 생각할 것이다. 그러나 그와 함께 살아 본 이들이나 함께 일해 본 사람들의 생각은 그렇지 않았다. 어쨌든 한 가지만은 분명했다. 그가 입버릇처럼 말하는 '대의'를 위해 몸 바쳐 일해 온 그 오랜 세월 동안 그는 단 한 번도 자신의 충직한 부하 직원을 유심히 쳐다보지 않았다. 안타까운 일이 아닐 수 없다. 그는 제스 크리스티가 어떤 사람인지 알 길이 없었다. 그러나 그가 한 번만이라도 자기 부하 직원을 눈여겨보았다면 자신의 온 생애를 통해 헌신해 온 것보다도 훨씬 더 중요한 대의를 깨달을 수 있었을 것이다. 그의 눈을 통해서 이 세상에서 가장 중요한 것은 더없이 작은 몸짓으로 보잘것없는 사람들을 사랑하는 일이라는 것을 깨달을 수 있었을 테니까 말이다.

사이버네티카

　이 사건은 27세기까지 거슬러 올라간 시점에서 발생했다. 말하자면 과학자들은 자신들이 미래의 열쇠를 쥐고 있으며 종교는 폐기 처분된 지 오래라고 생각하던 '암흑기'의 한복판인 셈이다. 다시 말해서 이 사건은 과학자와 기술 관료들이 아직 무지에서 탈출하지 못한 시점에서 일어났던 것이다. 사실 그다지 주목할 만한 사건이 아닐 수도 있다. 그러나 눈 깜짝할 사이에 터져 나와 이후의 세상을 완전히 뒤바꿔 버리는 역사적인 사건들도 대개 그 발단은 그렇게 미미하기 마련이다.

　그 사건이 발생한 곳은 만주 부근 지하 깊은 곳에 자리한 극비 기지의 수백 개에 달하는 통제실 가운데 한 군데였다. 이곳은 '사이버네티카'라는 극비 기지였다. 그곳에서 활동하는 인력과 장비들은 지구의 모든 인류의 행동을 통제하는 임무를 맡고 있었다. 사람들은 아무도 모르고 있었지만, 태어나는 순간 이미 뇌 속에 무선 수

신기와 연결된 전극이 삽입되어 모든 인간들의 감정과 행동이 '사이버네티카'의 엘리트 과학자들에 의해 원격 조종되는 것이었다. 과학자들은 통제실의 수많은 스크린을 지켜보며 '꼭두각시'들을 감독할 수 있도록 되어 있었다.

그런 통제실 가운데 '37N4'라는 번호가 붙은 방에서 거대한 스크린은 한껏 분위기가 달아 오른 칵테일파티가 벌어지고 있는 환한 실내를 비추고 있었다. 손님들 삼십 명가량이 가볍게 대화를 나누며 파티를 즐기고 있었다.

37N4에는 네 명의 기술자가 있었다. 즉 멋쟁이 댐린과 키가 크고 날씬한 돈베그라는 두 명의 여자 요원과 토실토실하고 쾌활한 무어스웨이와 하얀 턱수염을 기른 크룬락이라는 남자 요원이었다. 그들은 눈앞의 계기판을 조작하며 눈으로는 스크린을 바라보고 있었지만, 모두 지루한 기색이 역력했다.

댐린이 불쑥 입을 열었다.

"이건 하나도 재미가 없잖아. 아무래도 우리 수잔 램버트가 한바탕 소란을 피워야 할 시점인 것 같은데?"

크룬락이 물었다.

"어떤 소란? 당신은 지금까지 그 여자를 새침데기로 그냥 두었잖아. 설마 파티를 즐기다 말고 갑자기 스트립쇼라도 하게 만들려는 것은 아니겠지?"

댐린이 대답했다.

"아니. 그건 그녀의 성격하고 너무 거리가 멀어. 하지만 한 번 지켜보라고."

그리고 댐린은 자기 앞의 다이얼 몇 개를 조작했다. 나머지 세 사람은 흥미진진한 표정으로 스크린을 바라보고 있었다.

댐린의 통제를 받는 꼭두각시인 수잔 램버트가 갑자기 파티장의 다른 여자 손님에게 다가가는 모습이 스크린에 잡혔다. 그녀는 처음에는 차분하게 뭐라고 이야기를 하더니, 이내 미친 듯이 흥분하기 시작했다. 덩달아 목소리도 높아졌다. 마침내 참을 수 없는 적개심에 사로잡힌 나머지, 손에 들고 있던 칵테일 잔의 내용물을 상대방의 얼굴에 확 끼얹어 버리는 것이었다.

그녀가 울부짖으며 소리쳤다.

"나쁜 년! 언제까지 내 남편의 꽁무니를 쫓아다닐 작정이야?"

통제실에서도 금세 반응이 나타나기 시작했다.

무어스웨이가 격앙된 목소리로 고함을 질렀다.

"잘했어, 댐린. 이제 좀 생동감이 생기는 것 같군."

나이 많은 크룬락도 맞장구를 쳤다.

"그래. 하지만 내 '나쁜 년'도 그냥 가만히 당하고만 있을 수는 없지. 그랬다간 너무 싱겁게 끝나 버릴 테니까."

이번에는 그가 몇 개의 다이얼과 스위치를 작동시켰다.

그러자 칵테일을 흠뻑 뒤집어쓴 여인이 금방 반응을 나타내기 시작했다. 수잔 램버트의 뺨을 때리며 달려든 것이다.

"네가 뭐 신데렐라라도 되는 줄 알아? 너도 여자라면 남편 간수 똑바로 하란 말이야."

그러면서 그녀는 자리를 박차고 나가 버렸다.

돈베그가 크룬락을 향해 말했다.

"우와! 너무 심한 짓을 시킨 것 아냐?"

크룬락은 만족스러운 듯 웃었다.

"좀 심하긴 했지만 그럴 만도 하잖아. 내가 가장 좋아하는 꼭두각시가 수잔 램버트 같은 여자에게 당하고만 있게 내버려둘 수는 없어."

모두 웃음을 터뜨리자 댐린이 말했다.

"좋아. 이 일은 우리 수잔이 자초한 사건이라는 것 인정할게. 하지만 두고 보라고, 친구들. 아직 완전히 끝난 것은 아니니까."

네 사람은 하나같이 자기가 맡은 꼭두각시를 어떻게 더욱 활발하고 독창적으로 조종하느냐 하는 이 게임에 흠뻑 빠져들었다. 이윽고 밤이 깊어지자, 칵테일파티가 끝나고 각자 집으로 돌아갔다.

"음, 멋진 저녁이었어."

화면이 꺼지고 나자 무어스웨이가 결론을 내리듯이 말했다. 네 사람의 기술자들은 마지막 남은 커피를 마시고 있었다.

나머지 세 사람도 말없이 고개를 끄덕여 동의를 나타냈다. 사람들을 조종하는 것은 정말 재미있는 일이었다. 마치 하느님의 역할을 대신하고 있는 기분이었다.

그러나 정작 본격적인 사건이 벌어지기 시작한 것은 그때부터였다. 나이 많은 크룬락이 커피 잔을 입술에 대다 말고 갑자기 겁에 질린 표정으로 눈을 둥그렇게 뜬 것이다.

"맙소사!"

크룬락이 밀랍처럼 창백해진 얼굴로 나지막이 속삭였다.

나머지 세 사람은 깜짝 놀라 그를 돌아보았다. 도대체 무슨 일일까? 무엇 때문에 '사이버네티카'의 고참인 크룬락이 저토록 겁에 질린 표정을 짓는 것일까?

무어스웨이가 짐짓 쾌활한 목소리로 물었다.

"이봐, 무슨 일이야? 누가 자네 무덤을 밟기라도 했어?"

크룬락은 힘없이 커피 잔을 내려놓았다. 완전히 넋이 나간 사람 같았다.

그가 천천히 대답했다.

"방금 어떤 생각이 들었을 뿐이야."

"무슨 생각?"

돈베그가 초조한 듯이 대답을 재촉했다.

"음…"

"음이라니, 도대체 뭔데 그래?"

크룬락은 잠시 망설였다. 겁에 질린 그의 눈동자가 세 동료들을 천천히 훑어보았다.

"우리가 태어날 때 '우리' 뇌 속에 무언가가 삽입되어 어디선가 또 다른 기술자들, 그러니까 슈퍼 엘리트들이 '우리'를 '자기' 스크린으로 감시하며 조종하고 있다고 생각해 봐."

세 사람은 어리둥절한 표정을 지었다. 그런 끔찍한 가능성에 대해서는 한 번도 생각해 본 적이 없었다.

댐린이 더듬거리며 말했다.

"하지만 그렇다면…. 우리도 우리 꼭두각시들이나 다를 바 없다는 말이잖아?"

아무도 그녀의 말에 대답하지 않았다. 그녀의 말에 함축된 의미는 말로 옮기기에는 너무나 소름끼치는 일이었기 때문이다. 하지만 어떻게 그런 가능성을 부정할 수 있겠는가?

나이 먹은 크룬락이 제일 먼저 침묵을 깨뜨리며 의미심장한 목소리로 중얼거렸다.

"이제 기억이 나. 파스칼이라는 프랑스 철학자가 「팡세」라는 책에 이런 말을 쓴 적이 있어. 하느님의 가장 위대한 창조물은 인간의 자유라는 말이야. 이제야 그 의미를 알 것만 같아. 하느님이 존재한다면 그분이 만들 수 있는 가장 위대한 것이 바로 자유라는 사실을."

댐린이 속삭였다.

"그럴듯하군. 그렇게 중요한 게 아니었다면 창조할 가치도 없었을 테니까."

돈베그가 신중한 목소리로 말했다.

"그게 사실이라면 어떤 사태가 초래될지 상상할 수 있겠어?"

무어스웨이가 대답했다.

"그럼, 우리가 우리 꼭두각시에게 할 수 있는 일을 생각해 봐. 그들의 뇌 속에 든 전극을 제거하고 그들에게 자유를 안겨 주는 거지. 그러면 어떻게 될까?"

"그들에 대한 우리의 통제력이 없어지겠지."

돈베그가 두려운 빛을 감추지 않으며 대답했다.

무어스웨이도 같은 생각을 하고 있었다.

"그래, 맞아. 하지만 더 이상 통제를 하지 않아도 우리는 그들에게 자유를 주는 한편, 여전히 우리의 의지대로 움직이도록 설득할 수 있을지도 몰라."

댐린이 이의를 제기했다.

"그건 불가능하지 않을까?"

무어스웨이가 내키지 않는 목소리로 대답했다.

"글쎄, 나도 그럴 것 같군."

크룬락이 수염을 쓰다듬으며 말했다.

"어쩌면 그렇지 않을 수도 있어. 어쨌든 전지전능한 하느님이라면 그런 일을 할 수 있어야 해. 그렇다면 문제는 어떻게 하느냐는 것인데, 거기까지는 우리가 알 수 없는 일이라고 생각해. 어차피 그 정도 능력을 가진 하느님이라면 우리가 상상하는 것보다 훨씬 더 위대한 존재가 되어야 할 테니까 말이야."

모두 착잡한 심정으로 한숨을 내쉬었다. 물론 그들 가운데 신을 믿는 사람은 아무도 없었다. 이미 종교는 몇 세대 이전에 폐물이 되어 버렸기 때문이다. 하지만 이제 그들은 자신들 역시 더 큰 권능을 가진 특급 기술자(그들은 또다시 더 큰 권능을 가진 기술자들에 의해서⋯ 그리고 무한히)들의 손에 의해 조종되는 꼭두각시일지도 모른다는 끔찍한 가능성에 눈뜨게 되었고, 진정한 자유를 보장해 줄 하느님에 대한 갈망이 싹트기 시작했다. 결국 그들은 짙은 암흑, 자신들의 진정한 정체에 대한 오싹한 불확실성과 직면하지 않을 수 없었다. 과연 우리는 주인인가, 꼭두각시인가?

네 사람의 기술자는 더 이상 할 말이 없었다. 난생 처음으로 하느님이 없다는 사실이 안타깝게 생각되기 시작했다. 그날 밤 각자 숙소로 돌아간 그들은 갑자기 두 눈이 번쩍 뜨이는 듯했다. '사이버네티카'는 이제 더 이상 에덴이 아니었다. 이제 그들은 자신들이 벌거벗고 있다는 사실을 알아 버린 것이다.

미소

　샘과 미치는 평생 절친한 친구로 지내 왔다. 두 사람은 어느 날 서로 우정을 맹세하는 의미에서 아주 진지한 약속을 한 가지 했다. 둘 중 한 사람이 먼저 세상을 떠나면 죽은 지 일 년이 되는 날 남아 있는 친구 앞에 나타나기 위해 최선의 노력을 다하자는 약속이었다. 그렇게 하면 남아 있는 사람은 고인이 된 친구가 잘 지내고 있는지 어떤지 확인할 수 있을 뿐 아니라, 하느님이 우주를 다스려 가는 방식에 대하여 몇 가지 질문을 던져 볼 수도 있을 것이기 때문이었다.

　그러던 어느 날 미치가 먼저 세상을 떠났다. 이어서 일 년 후 정확히 사망 일주기가 되는 날 미치가 샘의 꿈에 나타났다. 샘은 다시 만난 친구가 멋진 모습으로 환하게 웃고 있는 것을 발견하자, 기쁨에 겨워 어쩔 줄 몰랐다. 다정하게 인사를 나누고 난 뒤 샘은 내세와 천국에 대하여 많은 것을 물어보았다.

미치가 대답했다.

"아주 간단해. 모든 사람들이 완벽한 행복을 누리고 있어. 우리는 누구를 만나든 서로 웃곤 하지. 게다가 하느님은 언제나 미소를 잃지 않으신다네."

그 말에 샘은 혼란스러웠다.

"그럼 넉 달 전 내가 실직을 당했을 때도 하느님은 미소 짓고 계셨단 말인가?"

"물론이지. 하지만 하느님은 절대로 시간을 낭비하지 않으신다네. 자네가 다른 일자리를 찾을 수 있도록 즉각 조치를 취하셨네. 새 일자리가 마음에 들지 않나?"

"물론 마음에 들지. 먼젓번보다 오히려 더 좋은 직장이라네."

"내 말이 그 말일세. 하느님께서는 자네에게 많은 신경을 쓰고 계신다네. 그분은 늑장을 부리지 않으시네. 당장 행동으로 옮기시거든."

"하지만 만약 내가 더 나은 일자리를 찾지 못했다면 어떻게 할 뻔했나?"

"그럼 다른 방식으로 자네를 도우셨겠지. 하느님은 무한한 상상력을 갖고 계시거든."

그들의 대화는 한동안 더 이어졌다. 미치가 떠날 때가 되자, 일년 후에 다시 샘을 찾아오겠다고 약속했다.

그 뒤 일 년이 지나고 미치는 다시 샘의 꿈에 나타났다. 이번에도 샘은 기쁨에 겨워 내세와 천국에 대하여 이런저런 질문을 던졌다.

"자네는 하느님께서 언제나 미소 짓고 계신다고 했지?"

"그럼! 언제나 웃고 계시지."

여전히 같은 대답이었다.

"그렇다면 넉 달 전 내 아내가 세상을 떠났을 때도 미소 짓고 계셨단 말인가?"

"물론이지. 하지만 하느님께서는 절대로 시간을 낭비하지 않으신다네. 자네가 고통을 극복할 수 있도록 즉각 조치를 취하셨지. 하느님께서는 자네 자식들이 사소한 일로 서로 다투지 않고 자네를 위로하고 돕기 위해 애쓰도록 이끌어 주셨다네. 자네 자녀들과 예전보다 더 가까워진 것을 느끼지 못하겠나?"

"그래, 전보다 훨씬 가까워지긴 했네."

"내 말이 그 말일세. 하느님께서는 자네에게 많은 신경을 쓰고 계신다네. 그분은 늑장을 부리지 않으시네. 당장 행동으로 옮기시거든."

"하지만 내 자식들이 하느님의 뜻대로 인도되지 않았으면 어떻게 할 뻔했나?"

"그럼 다른 방식으로 자네를 도우셨겠지. 하느님은 무한한 상상력을 갖고 계시거든."

그들은 이런 식의 대화를 한참 더 나누었다. 이윽고 돌아갈 시간이 된 미치는 일 년 후에 다시 찾아오겠다고 약속했다.

미치는 약속을 지켰다. 이듬해 같은 날 꿈속에 미치가 나타나자 샘은 기쁜 표정으로 맞이했다. 그러나 이번에는 왠지 샘에게 그늘이 드리워진 것 같았다.

샘은 친구를 만나자마자 불쑥 내뱉었다.

"자네 혹시 알고 있나? 내가 암에 걸렸다는 사실 말일세. 의사 말이 이제 육 개월밖에 못 산다고 하더군."

"저런! 그런 말 들으니 안타깝네. 하지만 육 개월은 긴 시간이야."

샘이 대경실색하며 되물었다.

"내가 한 말을 못 알아들었나? 나는 이제 육 개월밖에 못 산단 말일세."

"알아. 내가 그 정도면 긴 시간이라고 말한 것은 바로 그런 이유 때문일세."

샘이 여전히 어리둥절한 표정을 감추지 못하자, 미치는 친절하게 설명하기 시작했다.

"그것은 전적으로 보는 관점에 달린 문제일세. 그 육 개월이 자네를 죽음으로부터 격리시키고 있는 것으로 본다면 물론 그것은 짧은 시간일세. 하지만 그 육 개월이 자네를 삶으로부터 격리시키고 있는 것으로 본다면 그때는 문제가 달라지지. 이렇게 한 번 생각해 보게. 나에게는 육 개월이 남아 있다. 바꿔 말해 자네가 지금의 나처럼 진정한 삶을 누릴 수 있을 때까지 육 개월을 더 기다려야 한다고 생각해 보게. 그 정도면 기다리기에는 긴 시간이잖나? 이제 내 말을 이해할 수 있겠나?"

샘은 이해를 할 수 있었다. 하지만 자신의 죽음을 미치처럼 마냥 낙천적으로 받아들일 수만은 없는 노릇이었다. 어쨌든 그에게는 아직도 내세와 천국과 하느님에 대한 많은 의문이 남아 있었다. 게다가 이제는 사형 선고를 받은 셈이니 궁금한 것이 한층 더 많아졌을 뿐 아니라, 정말로 발등에 불이 떨어졌다는 것을 실감할 수 있었다. 그의 여러 가지 질문 가운데 하느님의 미소에 대한 것이 있었다.

샘이 물었다.

"하느님은 내가 암에 걸렸을 때도 미소 짓고 계셨나?"

"물론이지. 하지만 하느님은 절대로 시간을 낭비하지 않으신다네. 즉각 자네가 다가올 시련의 의미를 발견하고 한층 더 하느님께 가까워질 수 있도록 조치를 취하기 시작하셨지. 혹시 전보다 더 하느님과 가까워졌다는 생각이 들지 않나?"

"그래, 많이 가까워진 것 같네."

"내 말이 그 말일세. 하느님은 자네에게 많은 신경을 쓰고 계신다네. 그분은 늑장을 부리지 않으시네. 즉각 행동으로 옮기신다고."

그때까지 샘은 하느님을 이해하기 위한 노력을 기울여 왔지만, 미치에게서 하느님의 영원한 미소에 대한 이야기를 들은 뒤로 왠지 마음에 걸리는 것이 있었다. 지금까지는 그것이 무엇인지 딱 꼬집어 말할 수 없었지만, 문득 그 불편한 마음의 정체를 알 수 있을 것 같다는 생각이 들었다.

샘이 말했다.

"잘 들어, 미치. 하느님의 미소에 대해서 이해가 가지 않는 것이 하나 있네."

"그래? 그게 뭔가?"

"음, 그건 이런 거야. 나는 요즘 하느님이 겪으신 시련에 대한 이야기를 많이 들었다네. 우리가 시련을 겪고 있는 것을 지켜보는 하느님의 마음이 얼마나 아프시겠나. 하지만 그것을 지켜보지 않으면 우리와 더 가까워질 수 없으니 어쩔 수 없는 일이겠지. 고통을 모르는 하느님은 사랑도 알 수 없는 법이니까 말일세. 당신의 창조물이 고통 속에 신음하고 있는데 미소 지으며 행복해하는 하느님이라면 어떻게 사랑과 연민으로 충만한 존재라고 할 수 있겠나?"

"아, 그래, 자네의 고민을 알 것 같네. 자, 먼저 우리가 합의할 것이 하나 있네. 사람이 고통을 겪는 것이 좋겠나, 겪지 않는 것이 좋겠나? 혹은 달리 표현하면 완벽한 존재도 고통을 겪을 수 있겠나?"

"그렇지는 않겠지. 완전한 존재라면 고통 같은 것은 겪지 않겠지."

"음, 그렇다면 이렇게 한 번 생각해 보게. 불완전한 존재가 완벽을 달성하기 위해 매달린단 말일세. 자, 하느님이 고통을 겪는다면 불완전한 존재라고 할 수 있겠지. 그렇다면 어쩔 수 없이 스스로 완벽을 꾀하려고 할 것이고(다시 말해 자신의 고통을 종식시키려 할 것이고), 자신의 결함을 극복하기 위해 노력해야 할 걸세. 어떠한 결점이나 약점도 없는 완전한 존재라면 아무런 조건 없는 사랑을 베풀 수 있지 않겠나."

샘도 고개를 끄덕이며 말했다.

"맞아. 무슨 말인지 알겠네. 하지만 하느님이 우리 때문에 고통을 겪지 않으신다면 그것은 하느님이 무관심하거나 무감각하다는 뜻이 되지 않겠나?"

"그렇지 않네, 샘. 자네는 열정이 없는 것(하느님의 상태)과 도덕적으로 무관심한 것을 혼동하고 있네. 하느님은 사랑을 베풀지만, 거기에는 열정이나 고통이 없네. 하느님의 사랑은 우리가 잘되기를 바라는, 우리의 고통을 없애 주기 위한 절대적으로 순수한 행동으로 이루어지거든."

"잠깐만! 도대체 무슨 소리인지 알 수가 없네. 이제 보니 자네도 텔레비전에 나오는 대학 교수 같은 소리를 하기 시작하는 것 같네."

"아, 미안하네. 천국에서 살다 보니 나도 모르게 그렇게 된 모양일세. 거기서 공부를 많이 했거든. 그래도 아직 하느님에 대하여 내가 배운 것들을 한마디로 요약하는 것은 불가능한 일일세. 아무튼 자네 질문으로 돌아가 보세. 내 말이 무슨 뜻이냐 하면, 하느님은 우리 삶에 좋은 영향을 미치고 싶은 마음에서 당신의 연민(하느님이 우리와 같은 감정을 느끼지는 않겠지만)을 실행에 옮기신다는 말일세."

"알겠네. 하지만 하느님도 무언가를 느끼고 감정을 가지고 계신다면, 더 큰 연민을 품지 않으실까?"

"그렇지 않네. 감정은 연민 속에 포함될 수 있으며, 연민이 작용하는 것을 예방하는 역할을 하기 때문일세."

"그래? 어째서 그렇단 말인가?"

"음, 의사의 경우를 예로 들어 보세. 정상적인 경우라면 의사는 좀처럼 자기 아내나 자식 혹은 가까운 친구를 직접 수술하지 않네. 왜 그런 줄 아나? 연민의 마음이 부족해서 그런 것이 아니라, 감정이 개입되면 지나치게 긴장해서 제대로 일을 할 수 없기 때문에 그런 것이지. 변호사도 마찬가지야. 법정에서 자신의 변호를 맡겠다고 나서는 사람은 얼간이를 변호하는 것과 같다는 말이 있네. 왜 그런 말이 생겼겠나? 감정이 개입되면 판단력이 흐려지고 쉽게 이성을 잃어버릴 위험이 있기 때문이지."

"알겠네. 갑자기 옛날 생각이 나는군. 우리 둘이 산책을 하다가 나무 위로 기어 올라간 꼬마를 발견한 적이 있지. 그 아이는 발이 미끄러지는 바람에 옷자락이 나뭇가지에 걸려 간신히 매달려 있었어. 물론 우리는 둘 다 그 아이에 대한 연민을 느꼈지. 하지만 나는 높은 곳에 올라가는 것을 무서워하기 때문에 그 아이를 구해 줄 수 없었네. 결국 자네가 그 임무를 해냈지. 그것 역시 감정이 연민에 포함되는 사례 가운데 하나라고 할 수 있겠군."

"아, 그래. 그러고 보니 나도 그 사건이 기억나는군."

미치는 잠시 숨을 가다듬은 다음에 이렇게 말했다.

"자, 샘, 이제 그만 가 봐야겠어."

"잠깐만, 미치. 마지막으로 한 가지만 더 물어 볼 게 있어. 왜 하느님은 내가 암에 걸리도록 내버려 두셨을까? 이 세상의 모든 고통을 왜 그냥 두고 보시는 거지? 좋은 사람들 가운데 고통을 겪는 이들이 많고, 나쁜 사람들 중에도 번영을 누리는 이들이 많네. 그런 것을 보면 마치 모든 게 뒤죽박죽 제멋대로인 것 같아. 마치 주사위 놀이처럼 말일세."

"우와! 정말 그럴 듯한 질문일세. 솔직히 말해서 그 질문에 완벽한 대답을 들려줄 자신은 없네. 나도 아직 하느님에 대하여 배울 것이 많은 몸이거든. 천국에서도 틈이 날 때마다 배워야 한다네. 하느님은 그만큼 크신 존재이기 때문이지. 아무리 공부를 해도 언제나 더 알아야 할 것들이 생기곤 하지. 바로 그것이 천국의 매력 가운데 하나이기도 하지만 말이야. 아무튼 자네 질문에 대한 이야기를 해 보세."

마치는 잠시 생각을 하더니 다시 말을 이었다.

"좋아, 주사위 놀이라는 자네 비유가 마음에 들었네. 정상적인 과정이라면 얼마든지 그런 일이 일어날 수 있지. 특별한 기적이나 하느님의 직접적인 개입이 없다면 말일세. 하느님이 이 세상을 다스리는 방식은 정직한 사람이 카지노를 운영하는 것과 다를 바 없네. 주사위는 아무렇게나 굴릴 수 있네. 하느님은 여러 가지 일들이 일어나는 것을 그냥 내버려 두신다네. 왜냐하면 무슨 일이 일어났느냐 하는 것은 중요하지 않기 때문일세. 좋은 일이나 나쁜 일이나 마찬가지네. 다시 말해, 우리 인생에서 일어날 수 있는 모든 일은 하느님과 가까워지는 기회로 활용될 수 있단 말일세."

"그래, 하지만 카지노라면 언제나 도박꾼들이 돈을 잃게 마련이잖아. 그것은 수학적으로 계산해 보아도 확실한 사실일세. 그렇지 않으면 모든 카지노가 다 도산하고 말 테니까."

"맞는 말이네, 샘. 하지만 장기적인 관점에서 평균의 법칙이라는 통계학적 원리도 있네. 카지노가 돈을 버는 것은 고객들이 충분히 오랫동안 게임을 계속하지 않기 때문일세. 어떤 고객이 카지노 주인만큼 오랜 시간 동안 게임에 몰두한다면 장기적으로는 둘 다 똑같은 액수의 돈을 갖게 될 걸세. 다시 말하면 둘 다 돈을 따는 셈이지."

샘이 이의를 제기했다.

"혹은 둘 다 잃는다는 말도 되겠군?"

"맞아, 바로 그렇기 때문에 이 비유는 하느님에게 적용될 수 없는 것일세. 왜냐하면 하느님과 함께하는 게임에서 우리는 절대로 시작할 때와 똑같이 끝낼 수 없네. 끝날 때는 반드시 처음보다 엄청난 부자가 되어 있게 마련이거든. 하지만 하느님은 우리를 너무나도 사랑하시기 때문에 우리가 따면 하느님도 역시 따는 셈일세."

지상에서 그들의 세 번째이자 마지막 대화는 그렇게 마무리되었다.

육 개월 후 샘은 암으로 세상을 떠났다. 천국에 도착한 샘이 제일 먼저 발견한 것은 하느님의 미소였다. 그리고 이제는 모든 의문이 사라졌다.

다이너마이트

　벌써 수천 번째 필립 잭슨은 병상 옆의 벽에 걸려 있는 십자가를 올려다보았다. 그리고 그날 수천 번째 자기가 어떤 중대한 결정을 내려야 할 시간이 다가왔다는 것을 느끼고 있었다. 그것이 정확히 무엇인지는 말하기가 어려웠다. 하지만 물론 그것이 자신의 만성적인 병과 관계가 있는 것만은 틀림없었다.
　그렇다, 그는 지금 일종의 위기의식을 느끼고 있었다. 그리고 하느님은 그에게 무엇인가 결정적인 어떤 일, 지금까지 해 본 적이 없는 어떤 일, 그의 인생 구조를 몽땅 뒤바꿔 놓을 어떤 일을 할 것을 요구하고 있었다. 필립은 그 문제에 관해서 깊이 생각하면서 다시 십자가를 올려다보았다.
　기억의 스크린 위에는 지난 팔 년 생활의 영상이 다시 선명하게 비쳐졌다.
　병의 징후를 처음 느낀 것은 스물세 살 되던 해였다. 그것은 시력에 잠깐 동안 안개가 낀 것 같은 느낌의 현기증으로 시작되었다. 그 다음에는 말을 할 때 부분적으로 혀가 꼬부라졌고, 시간이 흐르자 양쪽 다리가 떨려서 거동을 하는 데 점점 불편을 느끼게 되었다. 그리고 마지막에는 한참 동안 눈이 완전히 보이지 않게 되었고, 그제야 자신의 건강에 무엇인가 치명적인 문제가 생겼다는 것을 깨닫게 되었다. 그때까지 줄곧 운동 경기에서 왕성한 활약을 해 왔던 그는 병 같은 것은 자신과 별개의 일로 생각하고 있었던 것이다.

필립은 가족의 주치의를 만나 보았는데, 주치의도 그러한 증상에 대해서 우려를 나타냈고, 그에게 신경과 전문의를 만나 볼 것을 권했다. 신경과 의사는 검사와 진료를 거듭한 끝에 신중하게 두 명의 동료 의사와 의논을 한 다음 '다발성 경화증'이라는 진단을 내렸다.

필립은 도저히 믿을 수 없다는 표정으로 신경과 의사의 진단을 들었다. 그 끔찍한 병에 대한 이야기를 듣고 있으면서도 도저히 자신의 건장한 신체와 그 병을 연결시킬 수 없었다. 그 자신에게 다발성 경화증이란 말도 안 되는 소리였다! 그의 마음은 그러한 가능성을 받아들일 수 없었다. 무엇인가 착오가 있는 것이 틀림없었다.

그다음 몇 달 동안은 다른 의사들을 찾아가 헤아릴 수 없이 많은 검진을 받고, 그 방면의 전문 병원을 찾아 여행을 다니는 데 허비했다. 그러나 그 모든 노력도 아무 소용이 없었다. 진단 결과는 절대로 바뀌지 않았다. 그리고 어느 날 필립은 자신의 병에 대한 무서운 현실에 직면해야 했다. 그것은 자신에게 일어나고 있는 일을 좀 더 잘 이해하기 위해 의학 서적에서 그 병에 관해 읽기 시작했을 때였다.

필립은 지금까지도 의학 서적에서 찾아낸 '다발성 경화증'에 대한 다음과 같은 정의를 기억하고 있다.

"만성 진행성 중추 신경계 질환으로, 언어와 시각 장애, 떨림, 현기증, 근육 실조, 부분 마비, 기타 등등의 증상이 나타난다."

이 병을 연구하는 현재 단계에서 그를 가장 불안하게 만든 것은 '기타 등등'이었다. '기타 등등'은 그 이후 몇 주일, 아니 몇 개월 동안 그의 생각에 커다란 검은 그림자를 드리우고 있었다. 앞으로 어떤 증상이 나타날까? 필립은 초조한 나날을 보내야 했다.

병명을 알게 된 충격이 차츰 사라지고 자신의 병에 대한 엄연한 사실(그 증상들은 거의 끊임없이 그곳에 있으면서 그에게 병을 상기시켰다)을 인정하기 시작하자, 자기 내부로부터 깊은 분노가 솟아오르는 것을 느꼈다. "왜 하필이면 나란 말인가?" 하고 필립은 빈번히 항의의 절규를 외쳤다. 왜 눈먼 운명의 신(아니면 잔인한 하느님)은 어디를 보아도 도무지 도리에 맞지 않는, 엄청난 시련을 겪도록 나를 선택했단 말인가? 하느님은 지금까지 헤아릴 수 없이 수많은 세월 동안 그가 미사 때 "한평생 평화롭게 하소서."라고 기도드린 것을 듣고 있지 않았음에 틀림없다.

몇 달이 지나자 그럭저럭 분노가 사그라지고, 대신에 하느님과의

흥정이 시작되었다. "만약 당신이 제 병을 낫게 해 주신다면…." 하고 필립은 기도하곤 했다. "저는 남은 인생을 교회 일에 바치겠습니다." 또 어떤 때는 삼 년 동안 아프리카 저개발 국가에서 자원봉사를 하겠다고 약속하기도 했고, 성지에 순례를 가기로 맹세하기도 했으며, 수도원에 들어가 평생을 금욕적으로 살겠다고 했다.

그러고 나서 다시 의기소침한 어두운 기간이 찾아왔다. 그동안에도 병은 냉혹하게 예정된 방향으로 진행되고 있었다. 물론 증상이 씻은 듯이 자취를 감추는 휴지 기간도 있었지만, 그 기간이 끝나면 재발되었는데, 그 새로운 증상은 이전보다 더 견디기가 힘들었다. 몇 개월이 몇 년으로 바뀌면서 필립은 점점 더 자신의 상태에 대해서 신랄하게 생각하게 되었다. 끝에 가서는 모든 친구들과 친척과의 접촉을 피했다. 하루 종일 자기 방에 틀어박힌 채, 걱정하는 가족들에게도 거의 대꾸를 하지 않았다. 깨어 있는 동안에는 씁쓸한 생각들을 떠올리면서 인생의 불공평함을 두고두고 원망했다. 사실 그 특별한 날 오후에도 필립은 한 달에 한 번씩 찾아와서 얘기를 나누는 본당 신부를 더 이상 부르지 말아 달라고 어머니에게 부탁했다. 그리고 그 이상의 자세한 설명을 거부하면서 어두운 얼굴로 모든 것이 무의미한 일이라고 말했다.

이제 필립은 또다시 십자가를 쳐다보았다. 저 물건을 시야에서 없애 버리는 것이 옳지 않을까? 저것도 무의미한 것이 아닐까? 자신이 그러한 극단적인 행동을 취한다면 어떤 눈에 보이지 않는 경계선을 넘게 된다는 것을 느끼고 망설였다. 그것은 인생에 대한 신비한 감각(그것은 어둠 속에 가려져 있었지만)과 감각이라고는 전혀 없는 것 사이의 경계선이었다. 어떻게 해서인가 필립은 그것이 삶과 죽음의 경계선이라는 것을 알고 있었다. 어느 쪽을 택해야 할까?

집 안은 무척 조용했다. 시간은 밤 10시 30분이었고, 부모님은 아래층에서 텔레비전의 심야 뉴스를 보고 있었다. 자신이 처한 상황의 아이러니에 대해서 곰곰이 생각해 보았다. 저기 바깥세상에서는 온갖 종류의 일이 일어나고 있는 동안 여기서 그는 소용돌이를 일으키면서 어지럽게 흘러 내려가는 급류 밑바닥에 누워 있는 한 개의 돌멩이처럼 꼼짝도 않고 있는 것이다. 필립은 또다시 십자가를 쳐다보았다. 그래, 여기에도 수많은 적들이 구름처럼 모여들고 있는데 나무 십자가에 못 박혀 꼼짝도 않고 서 있는 '누군가'가 있다. 그런데 그분은 꼼짝도 않고 서서 이 세상을 구해 주셨다!

필립은 내부의 어떤 신비로운 충격에 의해서 마음이 마구 떨리는 것을 느꼈다. 그리고 자신이 결정적인 입장을 취해야 할 시간이 다가오고 있다는 것을 깨달았다. 그는 저 십자가를 떼어 버리고 계속 자신의 고뇌 속에 틀어박혀 있을 수도 있다. 아니면 십자가를 직시한 채 단호하게 불구자로 십자가에 못 박히는 것과 같은 삶을 받아들일 수도 있다. 어느 쪽을 선택해야 한단 말인가?

내적 혼란은 밤늦은 시간까지 그를 붙잡고 놓아 주지 않았다. 어떤 때는 "이 고통의 잔을 저에게서 거두어 주소서." 하고 간절히 기도한 겟세마니의 예수님과 전적으로 의견을 함께하기도 했고, 또 어떤 때는 "나의 하느님, 나의 하느님, 어찌하여 나를 버리셨나이까?" 하고 소리치고 싶어지기도 했다. 그러나 그리스도가 최종적으로는 자신의 운명을 그대로 받아들였다는 것을 필립은 늘 기억하고 있었다. "아버지, 제 영혼을 아버지 손에 맡깁니다!"

이러한 예수님의 마지막 말씀이 결국은 필립의 고뇌에 종지부를 찍어 주었다. 매번 그 말씀을 마음속으로 되풀이할 때마다 예수님의 최후 말씀이 그의 저항을 약화시키고, 우울한 마음을 밝게 해 주며, 평화의 서광이 스며드는 이상한 효력이 있었다. 결국에 가서는 그 말씀의 힘에 항복하고 말았다.

십자가에 못 박힌 예수님처럼 필립은 자신의 생명에 대한 주님의 뜻을 받아들였던 것이다.

필립은 지칠 대로 지쳐서 중얼거렸다.

"좋습니다, 주님. 지금부터는 당신의 방식대로 행동하도록 하겠습니다."

이 결심은 즉각적이고 광범위한 효과를 발휘하게 되었는데, 그것은 마치 하느님의 왕국에서 일어난 폭발과도 같은 것이었다. 바로 그날 밤 세계 곳곳에서 여러 가지 일이 일어났던 것이다(물론 필립은 모르는 일이었지만).

스위스의 은행가인 막스 베르너는 은행에 비밀 구좌를 개설하기 원하는 제3세계 국가 독재자의 청을 거절했다. 우크라이나의 작은 도시에서는 소냐 카발레프스카라는 젊은 여성이 낙태 수술을 거부하기로 결심했다. 필리핀 의회에서는 망설이고 있던 한 상원 의원이 도시 빈민을 돕기 위한 토지 개혁 법안을 통과시키는 데 찬성표를 던졌다. 캐나다에서는 리쳐드 벤틀레이가 알코올 의존자 자활 협회의 첫 번째 모임에 참석했다. 중국 광동 지방에 사는 나이 든 시각장애인 수첸 부인은 교리 교사가 되기로 결심했다. 페루에서는 열여섯 살 프란치스카 라마스가 마약을 복용해 보자는 친구의 권유를 물리쳤다. 같은 시각, 멕시코의 중앙 교도 기관인 톨루카 교도소의 중범 죄수는 사회에 대한 반항을 포기하고 새로운 인생을 시작할 결심을 했다. 서아프리카에서는 가나에서 온 한 여인이 용감하게도 자신의 작은 오두막을 피난민들과 함께 사용하는 데 동의했다. 이러한 일들 외에도 수많은 더욱 놀라운 사건들이 그날 밤에 일어났는데, 그것은 이 지구의 어느 조그만 집 침실에서 필립 잭슨이라는 청년이 십자가를 응시하며 그 자신의 십자가 위에 드러눕기를 받아들였기 때문에 일어난 것이다.

거울의 회고담

　어떻게 도시의 쓰레기 처리장 한가운데에 있는 폐품 더미 위에서 내 생애를 마감하게 되었는가, 거울로서 생명을 마치게 한 그 특이한 상황이 없었던들, 나의 이 회고담 속에서 별로 주목을 끌지 못했을 것이다. 그 상황은 어떻게 보면 나 자신의 불명예라고 할 수도 있겠으나, 무슨 일이 있어도 꼭 후손을 위해 보존해 두고 싶다.
　정말로 나는 위대한 사람과 조우하는 커다란 행운을 얻게 되었는데(그것은 물론 줄리를 가리키는데, 그녀에 대해서는 나중에 다시 언급할 생각이다), 당연히 그 이후부터 내 존재가 바뀌게 되었다. 만일 여러분이 한 번이라도 살아 있는 성녀와 만나는 은총을 받게 된다면 내 말뜻을 잘 알게 될 것이다. 그러니까 그 이후부터는 그 사람의 인생은 이전과 같을 수 없는 것이다. 그러나 우선 일어난 순서대로 사실을 차분히 이야기해 나가기로 하겠다.
　나는 기능장이 멋지게 디자인하고 연마하여 거울 공장에서 출고

하여, '세 피에르'라는 일류 레스토랑에 팔려 나가, 여성용 화장실 벽에 설치되었다. 그곳에서 나는 오랜 세월 동안 그대로 남아 있었다. 실제로 이곳 쓰레기 처리장으로 추방당하는 날까지 그곳에 있었다.

인간이 여성용 화장실의 거울이 된다면 인간성에 관해서 많은 것을 배우게 될 것이다. 실제로 그런 장소는 여러 가지 목적으로 쓰이고 있는데, 그중 일부는 여성의 성격을 가장 잘 나타내 준다. 왜냐하면 실제적으로 자연의 욕구를 해소해 주는 일 외에도 여성의 화장실은 소형 미용실 역할을 할 뿐 아니라, 최신 가십의 교환소 노릇도 하고 있다.

옛날 표현을 그대로 사용한다면 여성이 '화장을 고치려고 할 때' 거울에 비치는 자신을 바라보는 모습에 대해서 나는 한 권의 책을 쓸 수 있다. 그리고 나는 그녀가 자신의 아름다운 외모에 대하여 자만심을 느끼고 있는지, 자신의 평범한 모습에 짜증스러워하고 있는지, 처음 생긴 주름살에 불안해하고 있는지, 이중이 되어 가는 턱을 보며 두려워하고 있는지, 몸매에 대해 고민하고 있는지 금세 알 수 있다. 아아, 그 얼굴들! 화장품을 바를 때 얼마나 진지한지, 입술을 얼마나 오므렸다 폈다 하고, 눈은 또 얼마나 아래위로 굴리는지…. 기왕 눈 얘기가 나왔으니 말인데, 내가 한 가지 주목한 것은 그 여성들 대부분이 자신을 바라볼 때 똑바로 눈을 들여다보지 않는다는 사실이다. 마치 무엇인가를 부끄러워하고 있는 것처럼 말이다. 가십을 주고받는 것에 대해서 말하자면, 남의 소문 퍼뜨리기, 빈정거리기, 악의적인 비방 등 어디서나 흔히 찾아볼 수 있는 레퍼토리다.

"매리 플루머의 모자, 자세히 봤니?"

누군가가 친구에게 물어 본다(왜냐하면, 그녀들은 늘 둘이나 셋이 함께 들어온다).

"어머, 그럼! 너무 놀랍더라."

그러고 나서 두 번째 여성이 작은 목소리로 덧붙인다.

"틀림없이 자기 손으로 만든 걸 거야. 돈을 아끼기 위해서 말이야."

그다음에는 자기들끼리 통하는 미묘한 웃음을 지으면서 말했다.

"매리는 진짜 구두쇠라니까."

또 다른 전형적인 말의 교환은 다음과 같이 진행된다.

"앨리스 파커의 드레스는 목선이 너무 깊이 파이지 않았니?"

"정말 그래, 아예 다 드러내 보이려는 것 같아."

그러고 나서 신랄한 어조로 이렇게 덧붙인다.

"누가 봐도 내보일 만한 것이 아무것도 없는데도 말이야."

품위 있게 킥킥거린다.

앞에서도 말한 것처럼 나는 그럴 의도만 가지고 있었다면 여성의 성격에 관해서 책을 한 권 쓸 수도 있다. 그러나 공정을 기하기 위해서 남성한테서 찾아볼 수 있는, 여성에 대응하는 성향도 모조리 들추어야 하겠지만(내가 듣은 바로는 별로 유쾌한 것이 못 된다), 그랬다가는 결국 매우 불쾌한 책을 쓰고 말 것이다. 하지만 '세 피에르'의 여성 화장실 속 내 앞에 나타났던 모든 여성들이 따분하거나 심술궂은 여자들은 아니라는 것을 서둘러 덧붙여야겠다. 실제로 대부분의 여성들은 매우 예의바르고 자연스럽고 호감이 가는 사람들이었다. 그리고 앞에서 언급한 나의 묘사를 크게 수정하려면 이 회고담의 진짜 목적인 여성을 소개할 수밖에 없을 것 같다. 물론 그것은 바로 줄리인데, 그녀는 내 생애에 커다란 의미를 가져다주었다.

줄리 로마르가 내 앞에 처음으로 모습을 나타냈을 때 그녀는 이십 대 중반이었다. 예쁘지도 못생기지도 않은 그녀는 그냥 평균적인 용모였다. 최소한 표면상으로는 말이다. 그러나 나는 그녀가 내 속에 비친 자신의 모습을 바라보는 태도에서 무엇인가 남다른 점을 바로 느낄 수 있었다. 줄리는 거의 화장을 안 한 듯이 보였는데, 창백한 낯빛을 밝게 하기 위해 약간의 화장만 한 것 같았다. 그녀는 재빨리 머리와 드레스를 점검해 보았는데, 그다지 신경을 쓰지 않는 것 같았다. 그러고 나서 다른 여성들이 감히 하지 않는 행동을 했다. 자신의 눈 속을 똑바로 들여다보는 것이었다. 그 태도는 당당하고 솔직하고 엄격했다. 사실 나는 그녀가 자신의 영혼을 들여다보고 있는 것 같은 인상을 받았다. 정말 낯설었다. 거울 속에 비친 자신의 모습에 만족한 듯 그녀는 조용히 화장실을 나갔다.

그것이 나와 줄리의 첫 번째 만남이었다. 그 후 몇 달 동안 얻어들은 대화의 단편들에서(그녀는 한 달에 한두 번 사촌동생과 함께 찾아왔다) 나는 그녀가 지방에 있는 좋은 직장을 그만두고 수녀원에 들어갈 준비를 하고 있다는 것을 알 수 있었다. 그러다 갑자기 그녀가 레스토랑에 모습을 나타내지 않게 되었다.

자연히 나는 줄리가 수녀가 되었을 것이라고 추측하고, 다시는 그녀를 볼 수 없게 되었구나 하고 단념하고 있었다. 그것은 내가 예상한 것보다 훨씬 괴로운 일이었다. 그도 그럴 것이 그동안 나는 '나의 줄리'(그녀를 그렇게 부르는 습관이 몸에 붙어 있었다)를 무척이나 좋아하고 있었기 때문이다.

삼 년이라는 세월이 흘렀다. 어느 날 줄리가 다시 나타났다. 그녀는 조금 수척해진 것 같았고, 얼마간 차분해지고 분명히 더욱 성숙해 있었다. 그러나 아직도 거울 속에 비친 자신의 모습은 거의 바라보지 않았고, 자기 눈 속에 자신의 영혼이 건전하게 존재하고 있는가를 열심히 확인하고 있는 것 같았다.

"수녀원에서 다시 돌아온 건가요?"

그녀와 친분이 있는 여성이 내 앞에 서 있는 그녀를 보자 물었다. 그 질문에는 약간의 비아냥거림이 담겨 있었다.

줄리는 온화하게 웃었다.

"네, 그래요. 바로 지난주에 돌아왔어요."

"휴가를 얻었나 보죠?"

또 다른 여성이 끈질기게 물고 늘어졌다.

그리고 줄리는 조용한 목소리로 대답했다.

"아니에요. 아주 나왔어요. 아무래도 내게는 성소가 없나 봐요."

"어머, 그래요? 그렇다면 당신이 신랑을 찾는 데 큰 어려움이 없었으면 좋겠네요."

이 말은 짐짓 생각해 주는 것 같은 어조를 띠고 있었다. 그 여성은 줄리가 결혼할 수 있으리라고는 전혀 믿고 있지 않는 것이 분명했다.

줄리는 따스하게 웃으며 대답했다.

"솔직히 말하면요, 나는 사실 신랑을 찾고 있지 않아요. 나를 하느님 손에 맡겨 두고 왔으니까요."

그렇게 말하고 그녀는 몸을 돌려 화장실을 나갔다.

한마디로 이것이 그때 일어났던 일이다. 여러 사람들의 대화를 듣고 종합해 본 바에 따르면 그 이후 몇 개월 동안 몇 사람의 청년이 줄리에게 청혼을 한 모양이었다. 실제로 줄리는 그 가운데 한 청년과 약혼 직전의 단계에까지 갔으나 그때 마침 올케가 어린 세 자녀를 남겨 두고 세상을 떠났다. 그 비극이 줄리의 미래에 결정적인 영향력을 끼치게 되었다. 왜냐하면 그녀는 오빠 집에 들어가 어린

조카들을 돌보는 일에 헌신하기로 결심했기 때문이다.

그때부터 나는 줄리를 아주 가끔씩만 볼 수 있었다. 내 생각에는 줄리가 집안일로 지나치게 바쁘거나 더 이상 '세 피에르'와 같은 일류 레스토랑에서 식사를 할 수 없게 된 것 같았다. 그녀가 모처럼 찾아왔을 때는 그녀의 얼굴과 눈을 보면서 즐겼다. 그녀의 인간성을 깊이 알게 되면서부터 나는 그녀의 육체를 통해서 빛나는 그녀의 영혼을 볼 수 있게 되었었다. 그리고 그녀의 얼굴이 차츰 나이를 먹어 가고, 남에게 봉사하는 사람에게서 찾아볼 수 있는 특별한 평화를 띠게 되면서, 나는 그녀가 진실로 얼마나 아름다운가를 발견하게 되었다.

그러나 어느 날 이전에 마지막으로 줄리를 보았을 때보다 살이 많이 빠진 것을 발견했다. 그다음으로 한 달쯤 뒤에 찾아왔을 때 나는 그녀의 얼굴에서 피로로 생긴 짙은 주름을 보고 불길한 느낌을 받았다. 그것이 내가 그녀를 본 마지막 모습이다. 그로부터 얼마 뒤 나는 다음과 같은 대화의 단편을 엿듣게 되었다.

"아, 그런데 말이에요, 델마, 줄리 로마르에 대해 얘기 들었어요?"

이것은 핑크색 드레스를 입은 뚱뚱한 여자로부터 나온 말이었다.

"아뇨, 무슨 일이 있었나요?"

델마가 물었다.

"엊그제께 죽었대요. 아마 암이었다는 것 같아요."

나는 깜짝 놀랐다. 나의 줄리가? 죽었다고? 그제야 나는 왜 그녀가 그렇게 몹시 지쳐 보이고, 마지막으로 보았을 때는 그처럼 수척했는지 알 수 있었다. 암이 서서히 그녀의 육체를 좀먹고 있는 동안 그녀는 의무를 다하기 위해 어떤 불요불굴의 용기가 필요했을 것이다! 용감한 줄리가 자신의 생명을 위해 처절한 싸움을 벌이고 있었다는 생각을 하니 도저히 견딜 수 없었다. 나는 거울이 할 수 있는 유일한 방법으로 반응했다. 그때 두 여인이 있는 앞에서 나는 나무가 벼락에 맞아 쪼개지는 것처럼 꼭대기에서 밑바닥까지 완전히 금이 가고 말았다.

거울에 금이 쫙 가는 것을 목격하자, 한순간 불쾌한 표정을 지은 후 델마와 그녀의 친구는 다음 거울로 옮겨 가서 화장을 고치는 작업을 계속했다.

"그녀를 성녀라고 하는 사람들도 있겠군요."

델마는 립스틱을 진하게 칠하면서 상대방을 떠보듯이 말했다.

핑크색 드레스를 입은 숙녀가 어깨를 으쓱 쳐들어 보였다.

그녀는 머리를 손질하면서 반론했다.

"나는 오히려 그녀를 바보 같다고 생각해요. 자신의 인생을 조카들을 돌보는 데 낭비하다니요. 그리고 이런 사실을 알고 있나요?"

그러고 나서 도저히 믿을 수 없다는 듯이 덧붙였다.

"글쎄, 아무도 그녀가 암에 걸린 걸 몰랐대요. 그녀는 그 사실을 자기 혼자만 알고 있었다더군요. 틀림없이 그녀가 항상 얘기하던 것처럼 공연한 소란을 피우고 싶지 않아서였을 거예요."

델마가 맞장구를 쳤다.

"저런! 내가 보기에는 말이죠. 바보와 성녀는 별 차이가 없는 것 같군요."

그리고 이 세속적인 지혜에서 나온 발언에 완전히 공감을 한 두 여성은 화장실을 나갔다.

며칠 뒤, 나는 화장실에서 옮겨져 나와 쓰레기통에 버려졌고, 그다음에는 이 쓰레기 처리장으로 옮겨지는 신세가 되었다.

그러나 나는 내 운명에 대해서 조금도 후회 같은 것은 하지 않는다는 것을 분명히 말해 두고 싶다. 빠르거나 늦거나 거울은 이렇게 끝장이 난다는 것을 처음부터 알고 있었다. 하지만 그런 일이 없었더라면 찬란했을지도 모르는 경력에 이렇게 지저분하게 종지부를 찍었음에도 나에게는 전혀 후회가 없다. 줄리를 알게 되었다는 것이 내 생애를 모두 가치 있는 것으로 만들어 주었던 것이다. 여러분도 알고 있는 바와 같이, 거울은 사람들을 반사하지만, 성녀는 하느님을 반사하기 때문이다. 여러분이 줄리를 한 번이라도 만나 본다면 내가 말하는 것을 이해하게 될 것이다.

트리노

　그날 아침에 잠에서 깨어났을 때 트리노는 자신이 한쪽 변을 잃어버렸다는 것을 알았다. 그는 참으로 황당했다. 인간이 한쪽 팔이나 한쪽 다리를 잃는다면 언제나 충격적인 경험일 것이다. 삼각형이 한쪽 변을 잃는 것은 가장 큰 비극이고 재난이고 파멸인 것이다. 사실 그것은 바로 그 본질 자체를 위험에 빠뜨리는 일인 것이다. 도대체 이 세상에 두 개의 변만 있고 따라서 각이 하나밖에 없는 삼각형이 어디에 있단 말인가?

　그 사건은 한 가지만 빼놓고는 총체적인 재난이었다. 트리노는 이제 걸을 수 있게 되었다. 그것은 물론 그가 지금까지 꿈도 꿀 수 없던 일이다. 본래 기하학적인 모양이라는 것은 규칙상 움직일 수 없도록 되어 있으며, 그들은 기하학적인 도형 속에 조용히 누워서 사람들이 다음 학습 시간에 사용할 때까지 기다리고 있어야 한다. 그렇지 않으면 학습 재료를 넣어 두는 곳이면 어디나 꼼짝 않고 들어가 있어야 한다. 그래서 다른 동료들 즉 정사각형이나 직사각형, 육면체, 원처럼 트리노도 본래 놓인 장소에서 꼼짝하지 않고 있었던 것이다. 그러나 이제 그는 자신이 두 개의 변을 양다리로 사용해서 (감사하게도 그는 세 변이 모두 같지 않은 끔찍한 부등변 삼각형은 아니었다), 얼마간 뻣뻣하기는 하지만 손쉽게 옮겨 다닐 수 있다는 사실을 발견했다. 사실 트리노는 두 개의 같은 변을 가진 이등변 삼각형인 탓으로, 일어나서 주위를 걸어 다닐 때 의젓한 모습을 유지할 수 있었다. 한쪽 변이 없는 정삼각형은 두 개의 가느다란 다리에 비해 상체가 지나치게 살쪄 보일 것이다. 그러나 토리노는 날씬하고 우아해 보였다. 그렇다. 그것이 얼마간 조그만 위안이 되었던 것은 사실이었다. 그러나 어쨌든 토리노는 엄연히 한쪽 변이 부족했고, 그것은 그로 하여금 삼각형 세계에서 이단자로 만들었다. 그래서 그는 새로 발견한 자신의 기동성을 발휘하여 잃어버린 한쪽 변을 찾기 위해 바깥세상으로 나가기로 결심했다.

여행 준비가 모두 끝나자 드디어 트리노는 출발했다.

처음에 그가 질문을 던진 인간들은 걸을 수 있고 말할 줄 아는 삼각형을 보고 약간 놀라기는 했다. 그러나 그게 뭐 그리 놀랄 일인가! 로봇 공학에 의한 최신 발명과 컴퓨터화된 실물 크기의 모형 같은 것 때문에 사람들은 주위의 어떤 기괴한 기계 장치에도 익숙해 있었고 대화를 주도해 나갈 수 있었다. 따라서 사람들은 아주 예의

바르게 트리노의 질문에 대답해 주었다.

  사실 트리노가 겪고 있는 곤경은 그가 질문을 한 모든 사람의 동정을 샀다. 그의 잃어버린 변을 본 적이 없다는 것을 강조한 인간들은 모두 자신들이 겪은 비슷한 경험을 자진해서 털어놓음으로써 그에 대한 연민을 나타냈다. 트리노가 만나 본 대부분의 인간은 모두 아직도 어떤 것을 잃어버린 채 애석해하고 있었다. 어떤 사람은 가진 모든 돈을 잃었고, 어떤 사람은 건강을 잃었고, 어떤 사람은 일자리를 잃었다. 어떤 중년 부인은 젊음을 잃었고, 투쟁하는 젊은 정치가는 이상을 잃고 있었다. 몇몇 노인들은 자신들의 환상을 잃은 것에 대하여 불평을 하고 있었으며, 어떤 수녀는 신심을 잃고 있는 등 예를 들자면 끝이 없었다. 모든 사람들이 행복을 추구하기 위해서 필요하다고 생각하는 무엇인가를 잃고 트리노처럼 비참한 상태에 놓여 있는 것처럼 보였다.

  하지만 이 모든 일들도 트리노에게는 별로 도움이 되지 않았다. 그래서 트리노는 더 이상 그런 질문을 하고 돌아다니는 것은 무의미한 짓이라고 생각하게 되었다. 그러나 이따금 그가 면담을 하는 사람들 중 일부가 어떤 늙은 골동품 가게 주인을 만나 보는 것이 어떠냐고 권유를 하는 것이었다. 그 노인은 '현자'라고 불리는 사람으로, 온갖 종류의 고민거리에 대해서 귀중한 조언을 해 주기 때문에 그런 별명이 붙었다. 그 사람이라면 트리노의 잃어버린 변에 대해서 뭔가 도움이 되는 지혜를 빌려주지 않겠는가? 그 노인은 누가 보나 명백히 절망적인 상황이라도 현명한 해결책을 강구해 준다는 정평이 나 있으니까 말이다. 트리노는 '현자'를 추천해 주는 사람들의 말에 귀가 솔깃해져서 그 노인의 조언을 구하기로 결심했다.

노인을 찾는 일은 굉장히 쉬웠다. '현자'의 골동품 가게는 그 도시에서 너무나 잘 알려져 있었기 때문이다. 사실 그 가게는 트리노처럼 개인적인 문제로 고민하는 사람들을 위한 집합 장소나 순례 센터와 같았다.

트리노가 '현자'의 가게에 들어갔을 때 노인은 옛날 동전을 깨끗이 닦고 있었다. 노인은 장애자가 된 삼각형을 반갑게 맞아 주었다. 마치 그런 불쌍한 모습의 장애자와 만나는 것이 그에게는 매일 있는 일상이라는 듯한 태도였다.

트리노의 슬픈 이야기를 듣고 난 뒤에 노인은 사려 깊은 태도로 고개를 끄덕이고 잠시 깊은 생각에 잠겼다. 그러고 나서 닦고 있던 동전 하나를 앞으로 내밀더니 아주 부드럽게 말했다.

"친애하는 트리노, 동전에는 항상 두 개의 면이 있다네. 그렇지 않은가?"

"네, 물론이지요, 영감님." 하고 왕년의 삼각형은 곤혹스러움을 느끼며 대답했다. 그가 겪고 있는 고난과 동전이 도대체 무슨 관계가 있는지 이해할 수 없었던 것이다.

"그렇다면 자네는 다시 넓은 세상으로 나가서 면담을 했던 모든 사람들을 만나 다시 한번 간단한 질문을 해 보게."

트리노는 여전히 영문을 몰라 머뭇거렸다.

"어떤 질문을요?"

"그 사람들에게 이렇게 물어보게. 그들이 잃어버린 것이 무엇이든지 그것을 잃은 다음에 무엇인가 다른 것을 발견한 것이 없느냐고 말일세." 하고 노인은 설명했다.

"그 말만요?"

트리노는 놀라서 물었다.

"그렇다네, 그 말만 물어보게."

골동품 가게 주인은 다정한 미소로 대답했다.

"그리고 나서 다시 이리로 돌아오게. 그때 자네의 잃어버린 변에 대해서 의논해 보세."

일이 이상하게 돌아가는 바람에 어안이 벙벙해진 트리노는 또다시 여행길에 올라 옛날의 면담자들을 모두 다시 방문할 수밖에 없었다.

이상한 일이지만, 그 사람들은 '현자'의 질문을 던졌을 때 모두 자신들이 상실한 것의 결과로 무엇인가를 얻었다는 것을 시인했다. 돈을 모두 잃어버린 사람은 그 사건이 그로 하여금 누가 참다운 친구인가를 발견할 수 있게 해 주었다고 고백했다. 그러나 그 사람은 빈

곧 뒤에 아내와 자녀들이 모두 함께 생활을 꾸려 나가기 위해 한마음이 되어 열심히 뛴 덕분에 지금은 가정생활이 크게 개선되었다는 사실에 대해서는 언급하지 않았다. 건강을 잃었다는 사람은 오랜 입원 생활이 인생의 의미를 재발견하게 해 주었고, 어릴 때의 신앙을 되찾는 시간과 여유를 주었다는 것을 인정했다. 일자리를 잃었던 사람은 다른 종류의 직업을 찾아 그 분야에서 그때까지 자신이 지니고 있었는지 몰랐던 재능을 활짝 꽃피우고 있었다. 젊음을 잃었다고 개탄하던 중년 여성은 결국에 가서는 젊음의 아름다움보다는 경험과 지혜가 훨씬 값어치가 있다는 것을 발견했다. 자기 이상이나 환상을 잃어버린 사람들은 사물의 있는 그대로의 진실이 결국은 자기기만보다 훨씬 자신을 살찌우고 충족시킨다는 것을 깨달았다. 그리고 그밖에 그들의 상실은 그들에게 자신의 그릇된 가치의 우선순위를 재평가하게 만들어 주었다. 이런 식으로 다른 모든 사람들도 자신들의 손실에서 무엇인가를 손에 넣고 있었다. '현자'가 말한 것처럼 동전에는 언제나 양면이 있게 마련이었다.

따라서 실제로 '현자'와 마지막으로 만나기 위해 골동품 가게에 돌아온 그는 이전과는 다른 트리노였다. 트리노의 누그러진 태도를 보고 노인은 왕년의 삼각형이 두 번째 면담에서 무엇을 배웠는지 추측할 수 있었다.

"영감님이 옳았어요."

트리노가 간략하게 말했다. 그러고 나서 다음 말을 찾기라도 하는 것처럼 잠시 입을 다물었다.

"하지만 아직도 모르는 것이 한 가지 있습니다." 하고 트리노는 한참만에야 입을 열었다.

"그래? 그게 뭐지?"

"다른 사람들의 경우에는 모든 상실이 몇 배의 이득으로 돌아온 것을 알 수 있었습니다. 그러나 저의 경우에는 세 번째 변을 잃어버림으로써 무엇을 얻었는지 알 수가 없단 말입니다."

이 말을 듣고 '현자'가 빙긋이 웃었다. 노인의 깊은 눈은 마주보고 앉아 있는 장애가 있는 삼각형에 대한 따스한 애정으로 가득 차 있었다. 노인이 말했다.

"친애하는 트리노, 내 생각에는 그와 반대로 자네는 세 번째 변을 잃어버림으로써 최소한 네 가지 이익을 얻고 있는 것 같네."

트리노는 그 말을 듣고 깜짝 놀라 의아한 표정으로 물었다.

"도대체 그 네 가지 이익이라는 게 무엇입니까?"

"첫 번째는 자유일세. 실제로 세 변을 전부 갖고 있었을 때 자네는 영원히 움직이지 못하도록 운명이 결정되어 있었지만, 지금 자네는 걸을 수 있지 않은가?"

트리노는 그것이 사실이라는 것에 동의하지 않을 수 없었다. 자신의 잃어버린 변을 찾기 위해서 전 세계를 돌아다닌 것은 매우 재미

있는 일이었다.

트리노가 말했다.

"좋습니다. 그 점에 대해서는 저도 동감입니다, 영감님. 하지만 제가 이익을 얻었다고 말씀하시는 다른 것들은 또 무엇입니까?"

"두 번째는 개인적인 주체성일세. 이것은 자네가 이해하기가 좀 어려울지도 모르겠네. 그러나 자네의 입장을 다른 각도에서 보도록 하게. 스스로를 불완전한 삼각형으로 보는 대신에 전혀 다른 종류의 형태로 바라볼 수 있을 걸세. 그러니까 '단일각'이나 '홑각'이라고 그렇게 자신을 부를 수도 있단 말일세. 다시 말하면, 이 우주 속에서 완전히 독창적인 것으로 생각할 수도 있지 않겠나? 그 자체가 남다른 것이라고 생각하지 않나?"

트리노는 또다시 자신이 분명히 기하학적인 독자적인 표본이라는 사실을 인정하지 않을 수 없었다.

노인은 계속 말했다.

"세 번째로 자네는 통찰력을 갖게 되었네. 사물의 본질에 관해서 기본적인 진실을 꿰뚫어 보는 통찰력 말일세. 우리는 결함과 불운은 언제나 커다란 이점이 될 수 있다는 것을 자네는 알았을 걸세. 우리가 그것을 이용하는 방법을 안다면 말일세."

그 말을 들었을 때 트리노는 커다란 위안을 받았다. 그는 그렇게 많은 좋은 일들이 한 가지 나쁜 일에서 나올 수 있다는 것은 꿈에도 생각하지 못했다. 사실 트리노는 이러한 모든 이점을 갖게 된 것에 대해서 거의 자랑스럽기까지 했다. 그러나 한편으로는 네 번째 이득에 대해서 궁금증을 느끼기도 했다. 그것은 어떤 것일까? 그의 생각을 읽기라도 한 것처럼 '현자'는 자신의 설명을 마무리했다.

"자네의 네 번째 이익은 상징적인 의미라고 부를 수 있는 것일세."

노인은 마치 심오한 비밀이라도 알고 있는 것처럼 킥킥거리고 웃었다. 그리고 나서 자기 앞에 똑바로 서 있는 키가 큰 왕년의 삼각형을 애정 가득한 눈으로 바라보면서 이렇게 덧붙였다.

"트리노, 자네가 남아 있는 두 개의 변으로 그렇게 우뚝 서 있는 것을 보고 사람들은 무슨 생각을 하겠나? 그들은 하늘을 가리키고 있는 화살을 연상할 걸세. 그래, 하느님을 겨냥하고 있는 한 대의 아름다운 화살을 말일세."

'현자'는 더 이상 말을 하지 않았다. 말을 할 필요가 없었다. 이제 트리노는 어떻게 자신의 불행이 커다란 은총이 되었는지 이해하고 있었기 때문이다.

왜 말씀이?

　바벨탑 이야기가 있은 후에 인류는 많은 민족으로 갈라졌는데, 그들은 세계 여러 곳으로 이주해 갔다. 그들 각 나라의 백성들은 점차적으로 최악의 도덕적 타락과 영적인 암흑 속으로 빠져들어 갔다. 그 타락의 양상이 어찌나 심했던지 하느님은 깊은 연민의 정을 느꼈다. 그래서 하느님은 각 나라에 그들의 발걸음을 하느님께 돌려줄 계시를 받은 지도자를 보내기로 결심했다.
　처음에 하느님은 아케나톤 왕을 이집트인들에게 보냈다. 이집트인들은 영혼의 불멸성과 사후 심판에 관해서 가르치는 아케나톤 왕의 말에 귀를 기울였다. 그들은 동물숭배와 마법 주문을 버리고 그 대신에 태양을 상징화한 '라'라고 부르는 최고신을 찬양했다. 바로 그 뒤에, 하느님은 모세를 히브리인들에게 보냈으나 히브리인들은 대부분 모세에게 반항을 했다.
　그 후 이어지는 세기 동안 하느님은 페르시아인에게 조로아스터를 보냈고, 인도인에게는 부처를, 중국인에게는 노자와 공자와 맹자를, 그리스인에게는 플라톤을, 그리고 로마인에게는 에픽테토스를 보냈다. 그리고 히브리인에게는 예언자 엘리야, 엘리사, 아모스, 이사야, 미가, 스바니야, 예레미야, 에제키엘과 그밖에 많은 지도자를 보냈다. 그러나 히브리인들은 그 경건한 예언자들의 가르침을 거부했다. 반면에 페르시아인들은 조로아스터의 가르침을, 인도인들은 부처의 가르침을, 중국인들은 노자와 맹자의 가르침을, 그리스인들은 플라톤의 가르침을, 그리고 로마인들은 에픽테토스의 가르침을 들었다.

그 결과 하느님은 크게 당혹하게 되었다. 자신이 보낸 영적 지도자들의 말을 전혀 들으려고 하지 않는 그 고집 센 히브리인들을 어떻게 하면 좋을까? 결국 삼위일체의 두 위격과 많은 의논을 한 끝에, 하느님은 절대 확실한 과격한 해결책을 택하게 되었다. 그 해결책을 가지고 하느님은 천사 가브리엘을 접견실로 불러들였다.

하느님은 천사가 앞에 모습을 나타내자마자 말씀하셨다.

"가브리엘, 나는 그대에게 매우 특별한 임무를 맡기려고 한다."

하느님은 긴장한 천사에게 지시를 내리시는 동안 방안을 서성거리기 시작하셨다.

"그대도 알고 있는 바와 같이, 지금까지 나는 나의 가르침을 저버리고 무지하고 잔인한 미신에 빠져들어 가는 것에서 인류를 구하기 위해 내가 할 수 있는 모든 일을 다 해 왔다. 이집트의 자손들에게는 내 아들 아케나톤을 보냈는데, 그들은 아케나톤의 가르침에 따랐다. 페르시아의 자손들에게는 내 아들 조로아스터를 보냈는데, 그들은 조로아스터의 가르침을 따랐다. 인도의 자손들에게는 내 아들 부처를 보냈는데, 그들은 부처의 가르침을 따랐다. 중국의 자손들에게는 내 아들 노자와 공자와 맹자를 보냈는데, 그들은 그들의 가르침을 따랐다. 마지막으로 그리스와 로마의 자손들에게는 내 아들 플라톤과 에픽테토스를 보냈는데, 그들은 그들의 가르침을 따랐다. 그러나 이스라엘의 자손들에게는 다른 어느 나라보다도 많은 내 아들을 보냈으나(그들이 천성적으로 고집이 세기 때문에), 이스라엘 백성들은 그러한 예언자들의 가르침을 따르지 않았다. 그래서 이제 나는 과격한 수단을 쓰기로 결정했다. 그대는 내가 세운 위대한 계획에서 중요한 역할을 맡게 될 것이다."

가브리엘은 그 짧은 연설에서 깊은 인상을 받았다. 수백만 년을 살아오는 동안 하느님이 어떤 일에 그렇게 흥분하시는 것을 본 적이 없었기 때문이다. 그리고 당연한 일이지만 가브리엘은 하느님의 계획에 강한 호기심을 느끼지 않을 수 없었다.

"주님, 정확히 마음에 어떤 계획을 갖고 계십니까?"

가브리엘은 조심스럽게 물어보았다.

하느님은 서성거리던 발걸음을 멈추시고 가브리엘을 바라보셨다.

다시 말을 계속하셨을 때 하느님의 목소리에는 조용하지만 단호한 결의의 빛이 담겨 있었다.

"가브리엘, 나는 우리 삼위일체의 제2위격 '말씀' 자신을 이스라엘 백성에게 보낼 생각이다."

천사 가브리엘은 소스라쳐 놀랐다. 가브리엘은 자유분방한 꿈속에서도 그런 일은 상상조차 할 수 없었기 때문이었다. 그러나 이 놀라운 뉴스에 대하여 좀 더 깊이 생각해 보면 하느님이 그 특별한 백성들을 위해서 몇 세기에 걸쳐서 해 오신 모든 노력들과 어느 정도 조화를 이루고 있다는 것을 인정하지 않을 수 없었다. 천사가 하느님의 계획이 던져 준 충격에서 벗어났을 때 다음과 같은 질문이 즉각 그의 머릿속에 떠올랐다. 가브리엘이 물었다.

"주님, 당신께서는 이스라엘이 선택된 백성이기 때문에 이런 일을 하시는 겁니까?"

천사의 질문을 들은 하느님은 마치 가브리엘이 무슨 말을 하고 있는지 이해할 수 없다는 듯이 얼굴에 의아한 표정을 지었다. 그러고 나서 문득 그 질문의 의미를 깨닫고 한순간 큰 소리로 웃음을 터뜨렸다. 하느님의 웃음소리는 어떤 천둥소리보다도 크게 우주 전체 구석구석까지 우렁차게 퍼져 나갔다. 그것은 어느 누구도 억누를 수 없는, 소란스럽게 공명하는 충격파였다. 얼마 뒤 그 소리가 가라앉고, 하느님은 다시 이야기를 계속할 수 있게 되었으나 목소리는 아직도 웃음의 여파로 약간 떨리고 있었다.

"사랑하는 가브리엘, 너도 지금쯤은 내가 창조한 모든 백성이 '선택된 백성'이라는 것을 잘 알고 있잖느냐?"

가브리엘은 또다시 깜짝 놀라 말을 더듬거렸다.

"하지만, 하지만…."

하느님은 가브리엘의 말을 가로막았다.

"그래, 나도 알고 있다. 나는 내 아들 이스라엘에게, 마치 그것이 무슨 커다란 특권이라도 되는 것처럼 여러 차례 되풀이해서 그들이 '선택된 백성'이라는 것을 강조해 왔다. 이 경우, 나는 이스라엘 백성이 내가 보낸 예언자들의 말을 좀 더 심각하게 받아들이도록(최소한 허영심에서라도) 그 문제를 되풀이해서 얘기하지 않을 수 없었다. 그러나 이스라엘에게 말하지 않은 것은, 내 눈에는 다른 모든 나라의 백성들 역시 '선택된 백성'으로 보인다는 사실이다. 하지만 절대로 입을 열면 안 된다! 이것은 우리끼리의 조그만 비밀로 남겨 두어야 한다. 그렇지 않으면 자존심에 상처를 입은 이스라엘 백성들은 더욱더 완고해질 테니까 말이다."

그제야 가브리엘은 하느님의 폭소를 이해할 수 있었다. 얼마나 웃기는 일인가, 이스라엘은 자기 자신을 이 지상에서 유일한 '선택된 백성'이라고 믿고 있으니…. 그러나 하느님은 이번에는 좀 더 심각한 태도로 다시 이야기를 계속하셨다.

"그런 이유로 나의 '말씀'은 이스라엘 백성에게 가서 그들을 가르치게 될 것이다. 실제로 이스라엘 백성 중 한 사람이 될 것이다."

가브리엘은 또다시 어안이 벙벙해져 혼란스러운 얼굴로 되물었다.

"그들 중 한 사람이라고요?"

하느님은 마치 당연한 일을 말씀하시는 것처럼 서슴지 않고 대답하셨다.

"그렇다. 인간이 될 것이다."

이번에는 가브리엘은 까무러칠 것만 같았다. 성자께서 인간이 된다는 생각은 그의 상식으로는 도저히 믿을 수 없는 일이었다.

"주님, 지금 '말씀'이 나약한 인성을 취하신다고 말씀하셨습니까?"

"정확히 그렇게 말했네."

가브리엘은 한참 동안 침묵을 지키면서 그 기상천외한 사실을 이해해 보려고 안간힘을 썼다.

물론 하느님은 천사의 어려움을 꿰뚫어 보고 있었다. 가브리엘과 같은 일급 지성조차 그러한 심오한 신비는 이해할 수 없을 것이다.

하느님은 모든 것을 다 알고 있다는 듯이 말씀하셨다.

"가브리엘, 내 말을 잘 들어라. 너는 이번 일의 내적 작용을 파악하려고 노력하지 말고, 그냥 그것을 하나의 사실로 받아들이기만 하면 된다. 나는 너에게 나의 '말씀'이 육신을 갖게 될 것이라고 말했다. 그리고 나의 결정 실제로는 우리 삼위일체의 결정이지만 은 최종적인 것이다. 그러니 너는 받아들이기만 하면 된다."

가브리엘은 순명의 뜻으로 고개를 끄덕이며 말했다.

"잘 알겠습니다, 주님. 주님께서 그렇게 하시겠다면 저는 그대로 충실히 따르겠습니다."

그러자 또 다른 생각이 떠올랐다.

"그런데 '말씀'은 어떤 성을 갖고 태어납니까? 남성입니까, 여성입니까?"

하느님은 빙긋이 웃으셨다. 하느님은 가브리엘이 이미 자기 앞에 어떤 일이 일어날지 예상하고 있으며, 자신이 그 계획 속에서 어떤 역할을 맡게 될지 벌써 알고 있는 것 같아서 무척이나 기뻤던 것이다.

"그야 물론 남자겠지."

천사는 반문했다.

"물론이라고요?"

하느님은 참을성 있게 설명하기 시작하셨다.

"그렇다. 여자는 남자만큼 구원을 필요로 하지 않는다. 여자들에게 죄악이 없다는 얘기는 아니다. 어쩌면 남자보다 더 죄가 깊을지도 모른다. 그러나 여자들은 타고난 친절함, 생명의 양육, 동정심의 미덕을 통해서 이미 나에게 매우 가까이 있다. 그와 반대로 남자는, 하여간 마음 쓸 것 없다, 가브리엘. '말씀'은 죄인을 구하기 위해 육신을 갖게 될 것이다. 그렇기 때문에 여자보다는 남자가 되는 편이 더 편리할 것이다. 그리고 또…"

하느님은 웃으며 덧붙이셨다.

"남자는 여자의 육신을 취한 하느님의 말씀은 절대로 들으려고 하지 않을 것이다."

"알겠습니다."

천사는 생각에 잠긴 얼굴로 말했다.

"또 한 가지 있다, 가브리엘. '말씀'은 이스라엘을 통해서 인류 전체에게 말을 할 것이기 때문에 셈족 남성, 다시 말하면 백인 남성이 되는 것이 이중으로 유리할 것이다."

천사는 잠시 망설였으나 어떻게 해서인가 하느님의 의도를 알아차린 것 같았다.

"그러니까 백인종이 역시 한층 더 구원을 받을 필요가 있다는 말씀이십니까?"

하느님은 만족하다는 듯이 웃으며 말씀하셨다.

"그렇지. 백인은 언제나 인류의 다른 인종보다 자신들이 우월하다는 생각을 갖고 있기 때문에 '말씀'은 백인종을 통해서 인류 속으로 들어가야 해. 그렇지 않다면 '말씀'은 가장 구원을 받을 필요가 있는 사람들에 의해서 받아들여지지 않을 테니까 말이다."

기브리엘은 이제야 하느님 계획의 지혜를 전적으로 확신하고 커다란 목소리로 대답했다.

"알겠습니다. 언제나 그러신 것처럼 주님, 당신은 항상 맨 끝자리에 앉은 사람, 길을 잃은 사람, 가장 적게 가진 사람에게 이익을 주시는군요."

하느님은 자신의 정책을 가장 완벽하게 요약해 준 데 대하여 동의하신다는 뜻으로 웃으셨다.

"그러면 이제 모든 준비가 끝났다, 가브리엘. 이것이 지금부터 그대가 하게 될 일이다. 그대는 갈릴래아 지방 나자렛 마을로 내려가, 마리아라는 처녀에게 말을 전하고, 그다음…."

이렇게 하여 하느님 '말씀'의 육화가 실행에 옮겨졌다. 그리고 사건이 전개되어 가는 것을 보고 가브리엘은 그 계획이 얼마나 놀라운 것인가를 발견하게 되었다. 그 계획은 그때까지 어떤 살아 있는 인간도 도저히 상상조차 할 수 없는 원대한 규모를 가진 것이었다. 그것이 하느님의 마음속 깊은 곳에서 우러나온 것이기 때문에 어쩌면 당연한 일일지도 모른다.

제5장

 '은하계 뉴스'의 고참 기자이고, 모두가 열망하는 '쉬투 라크' 상을 두 차례나 수상한 바 있는 나는 우리 편집국장을 실제로 지배한다고 말할 수 있을 것이다. 편집국장은 내가 원하는 것이면 무엇이든지 들어주는 기막힌 습성을 갖고 있었는데, 그것은 내 인습에 사로잡히지 않는 취재 방법이 어떻게 해서인가 나로 하여금 항상 좋은 기사, 즉 독자들이 일어나 앉아서 귀를 기울이게 만드는 확실한 연속 기사를 쓰도록 만든다는 확신에서 비롯한 것이었다. 그런데 이번에는 내가 '별난 행성'이라고 부르는 것에 대해서 글을 쓰기로 결심을 했다. 그것은 내가 은하계를 무작위로 여행하는 동안 만나게 되는 이상하기 짝이 없는 세계를 소개하는 스케치 기사가 될 것이다. 이 목적을 위해서 나는 넉넉한 경비와 6개월의 휴가를 얻었다.

 현재 그 6개월을 거의 소비한 나는 시리즈의 대미를 장식하게 될 마지막 별난 행성을 찾고 있었다. 정말로 '월등하게' 별난 행성 말이다. 그리고 그것이 바로 시리즈의 걸출한 기사임을 증명하게 될 '복음 행성'에 대하여 흥미를 느끼게 된 이유였다.

행성 목록에 나와 있는 그 별의 진짜 이름은 '제다성'이었다. 그러나 그 별을 방문한 몇몇 여행자가 '복음 행성'이라는 별명을 붙였는데, 그 후로 그 이름이 진짜 이름처럼 되어 버렸다. 내가 그 별명을 처음 들었을 때 그 별을 실제로 찾아가서 구경해 봐야겠다고 결심하게 한 것은 사실은 그 이상한 별명이었던 것이다. 제다성에 관한 얼마 안 되는 자료가 너무나 불가사의했기 때문에 그 행성은 정확히 나의 별난 시리즈를 빛나게 하는 데 꼭 필요한 것처럼 생각되었다. 그래서 나는 가장 가까운 우주 왕복선을 타고 내가 기사를 쓸 수 있는 그런 세계를 그곳에서 찾을 수 있기를 희망하면서 제다성으로 향했던 것이다.그것은 매우 비용이 많이 드는 여행으로 우주 맨 가장자리까지 나가야 하는 여행이었기 때문이다.

나중에 밝혀진 것처럼 나는 결코 실망하지 않게 되었다. 그러나 처음 보았을 때 제다성은 그 크기나 분위기나 날씨나 동물군이나 식물군이 지구와 무척이나 비슷했다. 그 주민들조차 인간을 닮았으며 놀랄 만큼 지구인과 똑같았다. 그러나 그 행성에서 완전히 다른 것은 사회 조직과 관습과 도덕적 가치 같은 것들이었다. 이러한 독자성을 갖게 된 이유는 매우 간단한 것이었다. 약 천 년 전에 그곳 주민들은 그리스도교와 복음을 생활의 모든 면의 규범으로 채용했던 것이다. 나는 생활의 '모든 면'이라고 강조했다. 그들의 그리스도교와 비교하면 지구의 그리스도교는 흉내 내기에 지나지 않는다.

나는 이것을 그 행성에 발을 들여놓는 순간 발견했다. 왜냐하면 의장대를 거느린 지배자나 최소한 고위급 정치가나 군 장성 대표단이 나와서 환영하는 대신에, '종들'이라고 자신들을 소개한 아홉 명의 아주 평범해 보이는 인물들에게 우주 공항에서 영접을 받았기 때문이다. 그 뒤에 그들 중 몇몇 사람과 면담하는 과정에서 알게 된 것이지만, 실제로 그들은 그 행성의 통치자들이었다. 즉 그 아홉 사람은 추첨에 따라 무작위로 선출되어, 일 년 동안 모든 권력을 갖게 되었다. 그들은 어떤 권위의 표시도 몸에 달고 있지 않았으며, '종들'이라는 직함 외에 어떤 직함도 갖고 있지 않았다. 봉급도 한 푼 받지 않고(제다성에서는 한 사람도 봉급을 받고 있지 않았다.) 어떤 특권도 누리지 않으며, 일 년 후에는 정상적인 생활로 되돌아갔다. 그들의 권위는 모든 사람에 의해서 인정되지만, 그들의 결정은 만장일치인 경우에만 구속력을 지녔다. 다시 말하면, 이 국민의 지도자들은 나자렛 예수님의 가르침, 즉 모든 사람의 종이 되는 것이 지도자의 의무라는 가르침을 완전히 따르고 있었다.

제다성에는 어떤 위험한 무기나 군대도 존재하지 않았다. 절대적인 비폭력이 모든 곳에서 지켜졌다. 감옥도 없었고 신체적인 징벌도 없었다. 그 행동이 공동체에 유해하다고 인정된 사람은 단순히 그의 동료 중 한 명에게 우애적인 교정을 받게 된다. 그가 자신의 교정을 거부하면 동료 두세 사람이 개입해서 그의 반사회적 활동을 포기하도록 설득한다. 그것도 실패하면 마을 사람들이 그의 태도를 바꾸도록 노력을 계속하는 동안 공정회가 열린다. 그가 계속 고집을 부린다면 그때는 사회적으로 따돌림을 당하게 된다. 그때부터는 아무도 그와 말하지 않으며, 어떤 일도 그와 함께하지 않는다. 대체로 이런 종류의 대우가 이삼 일이나 일주일쯤 되면 죄인에게 심경의 변화를 가져다주게 된다.

아주 극단적인 경우에는 회개하지 않은 사람이 끝내 자기 자신의 의지로 그 행성을 떠나게 된다. 그러한 것이 본질적으로 제다성의 사법 제도이다. 이것은 공동체의 규율에 대한 예수님의 가르침을 글자 그대로 적용한 것이다.

자유도 높이 평가받고 있었다. 누구나 상대방에 대한 존경만 나타낸다면 자신의 의견을 자유롭게 표현할 수 있다. 모든 제다성 사람은 자신의 교육 제도와 직업, 작업 속도를 선택할 수 있다. 모든 사람은 자신의 재능을 창조적인 방법으로 개발하도록 격려받고, 자신의 전체 생활에서 공동체에 대한 사랑의 봉사를 해 보도록 교육을 받는다.

자제, 자기 수양 그리고 세상사에 대한 초연함 등은 아주 어릴 때부터 주입되기 때문에 제다성 사람들은 대단히 예의가 바르고, 상호 거래를 할 때 인정미가 넘친다. 그들은 자신들의 기본적인 생활 원리로 다음과 같은 황금률을 지켜 왔다.

"다른 사람이 자기에게 해 주기 원하는 것을 다른 사람에게 하라."

제다성에는 화폐가 존재하지 않았다. 물품은 필요에 따라 배분되었다. 행성 전체가 하나의 대가족으로 보였다. 경쟁도 없고 시합도 없으며, 정당도 선거도 존재하지 않았다. 사람들은 단지 자신과 경쟁을 함으로써 우수성을 추구하도록 배우고, 자신의 개인적인 잠재력을 기초로 하며 끊임없이 자신의 수행 능력을 향상시키려고 노력했다.

그곳에서 목격한 것을 묘사하자면 이런 식으로 언제까지나 계속 써 나갈 수 있지만, 아무도 내 말을 믿으려고 하지 않을 것이다. 그렇다고 제다성이 완벽한 세계라는 이야기는 결코 아니다. 거기에 살고 있는 사람들은 우리와 똑같이 만들어졌다. 그들도 때로는 화를 내고 술에 취하고 어리석은 짓을 하여 자신들의 생활을 엉망으로 만든다. 그러나 대체로 믿을 수 없을 정도로 행복한 세계였다. 이것에 대해서만은 나도 증언할 수 있다. 물론 나는 전혀 종교적인 경향이 없으며, 그리스도교에 대해서도 그다지 많은 생각을 하지 않았다. 적어도 제다성에 살고 있는 사람들을 볼 때까지는. 지금 나의 냉소주의는 웬일인지 마구 흔들리고 있는 것 같다.

어쨌든 나는 그곳을 떠나기 직전에 그들의 그리스도교 정신이 위기 상황에 처했을 때 제다성 사람들로 하여금 어떤 일을 하게 했는가를 가까이서 구경할 기회가 있었다. 아마도 그 마지막 추억이 그 이상한 행성에 관해서 내가 말하려고 노력해 온 것들을 가장 웅변적으로 설명해 줄지도 모른다.

내가 가장 나이가 많은 '종들' 중 한 사람인 배관공 므란 프투라와 고별 면담을 하고 있을 때 적군의 우주선 대군단이 재빨리 침입해 오는 중이며, 제다성에 항복이냐 죽음이냐 최후통첩을 보내 왔다는 급박한 뉴스가 날아들었다. 물론 나 자신의 안전이 걱정이 되었으나 한편으로는 평화를 사랑하는 제다성 사람들이 이러한 상황에서 어떻게 비폭력주의 원칙을 지켜 나갈 것인지 궁금하기도 했다.

므란의 얼굴이 심각해지며 나에게 말했다.

"한 시간 이내에 당신은 떠나야 합니다. 그렇지 않으면 당신은 여기서 오랜 세월 갇혀 지내야 할 것입니다."

"어째서 갇혀 지내야 합니까?"

내가 이렇게 묻자 므란은 슬프게 웃었다.

"우리는 즉각 침략자들에 대해 우리의 유일한 방어 수단을 사용해야 하기 때문입니다. 우리가 채택해야 하는 그 방어 수단은 이미 우리 행성의 과거 역사에서 세 차례나 사용된 기록이 있습니다."

"그것은 어떤 것인데요?"

"제다성 표면을 방사성 물질로 오염시켜 그곳에서 살 수 없도록 만드는 것입니다. 그동안 우리는 지면의 방사능이 무해한 수준에

도달할 때까지 지하에서 살아야 됩니다."

나는 깜짝 놀랐다.

"그런 일이 가능합니까?"

"가능합니다. 처음에 선조들이 이 방법을 사용했을 때 다시 지상에 올라올 수 있을 때까지 지하에서 백 년 이상을 살아야 했습니다. 물론 선조들은 바로 그런 목적을 위해서 땅 속 깊은 곳에 미리 완벽한 도시들을 건설해 놓았습니다. 그 첫 번째 경우에 선조들은 방사성 동위 원소 스트론튬-90을 사용했는데, 그것은 이십팔 년의 반감기(半減期, 방사성 물질의 원자핵 반수가 붕괴되는 데 소요되는 기간 - 옮긴이 주)를 갖고 있었기 때문에 지하 세계에서 한 세기 이상을 갇혀 있어야 했습니다."

므란은 감정에 사로잡히지 않고 냉정하게 덧붙였다.

"그때쯤에는 제다성을 탐냈던 것이 누구였든지 우리를 정복하는 데 흥미를 잃게 되었습니다."

"그리고 다음에는요?"

"두 번째로 그런 사건이 일어났을 때 사용된 방사성 동위 원소는 크립톤-85였습니다. 그것은 겨우 십 년의 반감기를 갖고 있어서 선조들은 사십이 년 후에 지상으로 올라올 수 있었습니다. 세 번째 사건 때는(불과 삼 세대 전) 비교적 짧은 생명을 가진 아이소토프의 혼합물을 썼기 때문에 팔 년 후 지상으로 나올 수 있었습니다. 나중

두 번의 경우에 당시 침략자들은 좀 더 흥미 있는 다른 먹이를 발견하고 도중에 옮겨 갔습니다."

"하지만 왜 당신들은 군대를 가지고 방어하지 않는 것입니까?"

나는 이미 므란이 내 질문에 어떤 대답을 할지 추측할 수 있었으나, 그것을 그의 입을 통해 직접 듣고 싶었던 것이다.

"우리가 적에게 총을 쏘아 쓰러뜨린다고요? 물론 우리는 할 수 있습니다. 우리는 실제로 매우 효과적인 무기를 만들 수 있는 기술을 갖고 있습니다. 그러나 말입니다."

므란은 엷게 웃으며 설명했다.

"우리는 자신의 상상에 의해서 방해를 받고 있습니다."

"자신의 상상에 의해서 방해를 받는다고요?"

"그렇습니다. 어떤 제다성 사람도 예수님께서 컴퓨터 방어 체제를 조작하여 적을 산산조각으로 날려 보내는 것을 상상할 수 없습니다. 예수님께서는 천사의 열두 군단을 데리고 적을 격파할 수도 있었지만, 십자가에서 사망하는 쪽을 택하셨습니다."

"알겠습니다."

예수님에 관한 이 마지막 말이 나로 하여금 깊은 생각에 잠기게 만들었다. 므란의 말에는 일리가 있었다.

"그렇다면 이 숨바꼭질 게임에는 끝이 없는 것입니까? 정복자에 의한 파괴나 노예가 되는 것을 피하기 위해서 주민들이 이따금씩 땅 속으로 숨는 일이 언제까지나 계속될 것이라고 생각합니까?"

나는 한참 있다가 다시 물었다.

므란은 눈에 커다란 슬픔을 담고 나를 바라보았다.

"지적 존재가 한 가지 일을 이해하게 될 때까지는 영원히 계속되겠지요."

"그것이 무엇인데요?"

"탐욕과 폭력의 지배는 오로지 죽음에 이를 뿐이라는 진리입니다. 인생에는 단 하나의 규율이 있습니다. 그리고 그것은 바로 황금률입니다."

"당신은 지적 존재가 그 진실을 이해하고 받아들일 것이라고 정말로 믿고 있습니까?"

므란은 웃었다.

"하느님의 은총에 의해 어쩌면 가능할지도 모릅니다."

"당신들은 모두 몽상가입니까?"

므란이 자리에서 일어났다.

"그렇습니다. 미래는 우리들과 같은 몽상가의 것입니다. 그만 가셔야 합니다. 이제 시간이 거의 없습니다. 지금 즉시 제다성을 떠나야 합니다. 적이 더 가까이 오기 전에 말입니다."

몇 분 뒤 그들의 우주선을 타고 출발하려고 할 때 나는 마지막으로 통신기를 통해서 그의 목소리를 들었다.

"잘 가시오, 친구. 하느님께서 당신과 함께하시기를 빌겠소."

나는 그와 비슷한 말로 대답을 할 수 없었다. 나는 하느님을 믿지 않으니까. 그러나 나는 이 어려운 시기에 그를 위로해 줄 수 있는 말을 무엇인가 해 주고 싶었고, 우리의 이별에 좀 더 밝은 빛을 실어 주고 싶었다.

"당신에게도 평화가 깃들이기를, 므란 프투여. 그런데 당신은 사람들이 당신네 혹성에 붙여 준 별명을 알고 있나요?"

그는 이 질문에 놀라서 잠시 머뭇거렸다.

"아니요, 모릅니다. 그 별명이 무엇인데요?"

"'복음 행성'입니다."

침묵이 이어졌다. 그러고 나서 웃음이 담긴 목소리로 므란이 말했다.

"아아, 그것 참 좋습니다. 아주 좋습니다. 모든 세계가 '복음 행성'이 된다면 그때는 정말로 하느님의 왕국이 멀지 않을 것입니다."

잠시 침묵이 흘렀다.

"잘 가시오, 친구여."

그것이 내가 제다성으로부터 들은 마지막 말이었다. 이제 그곳 주민들은 우주의 나머지 부분이 탐욕과 폭력을 포기하기를 참을성 있게 기다리면서 지하 도시에 갇혀 살고 있을 것이다.

그들은 얼마나 오랫동안 기다려야 할까?

탈무쿠루

　다음과 같은 사건들이 홈보리나 두엔트라 부근에서 일어났을까? 아니면 좀 더 남쪽으로 내려가서 드지보나 카야 부근에서 일어났을까? 어쨌든 서아프리카 지방 어느 곳인가에 아주 옛날에 마윰바스라는 이상한 부족이 살고 있었다. 그 부족은 고립된 민족으로, 넓은 늪지대 한가운데에 있는 메마른 오아시스를 둘러싼 세 개의 마을로 나뉘어 살고 있었다. 그들이 이상한 부족이 된 이유는 늪지대 속에서 살았기 때문일 것이다. 그러나 아무도 정확히는 알 수 없었다.

　모든 마윰바스족 사람들은 예외 없이 십 대 중반이나 후반이 되면 장님이 되었다. 한 사람도 예외 없이 눈이 멀었기 때문에, 몇 세기 동안 다른 어떤 인간 집단과도 접촉한 적이 없는 이 진보가 늦은 부족들은 장님이 되는 것을 인간이 나이를 먹으면 일어나는 자연적인 현상이라고 믿고 있었다. 따라서 어린이가 미래에 어른이 되는 것을 이런 말로 표현하는 것은 조금도 이상할 것이 없었다.

"내가 눈이 멀게 되었을 때…"

그들이 사는 지방이 무쿠루(암흑 지역)라는 이름을 지닌 것도 조금도 놀랄 일이 아니다.

처음으로 외지 사람이 무쿠루에 도달했을 때 상황은 이러한 것이었다. 그 사람들은 유럽인으로 '아프리카의 백인 사제회' 소속의 가톨릭 선교사들이었다. 거의 우연한 사고로 그들은 눈이 머는 것을 자연적인 현상이라고 믿고 있는, 이 괴상한 인간 집단과 만났던 것이다. 누구나 상상할 수 있는 일이지만, 마욤바스족 사람들은 아직도 눈을 뜨고 있는 성인과 마주치자 깜짝 놀랐다. 그러나 그 외지 사람들은 모든 것이 자신들하고는 달랐기 때문에(피부색부터 종교에 이르기까지) 그들의 눈이 멀지 않은 것은 또 하나의 변칙적인 것, 백인종의 별난 특징이라고 결론을 내렸다. 물론 선교사들은 그와 같이 눈이 머는 현상은 흑인이나 어떤 인종의 타고난 특성이 아니라는 것을 이해시키려고 노력했으나 끝내 실패했다. 이런 의견의 차이에도 다행히 선교사들은 마욤바스족에게 좋은 인상을 심어 줄 수 있었다. 그리고 그 지역을 계속 탐사하기 위해 그곳을 떠날 때 선교사 그룹의 지도자인 쿠드렉 신부는 추장의 여덟 살 된 막내아들 카모를 '양자'로 삼아 동행하도록 허락을 얻어 냈다.

그것은 쿠드렉 신부가 카모에게 백인의 모든 과학을 가르친 다음, 성년이 된 뒤 카모가 부족에 돌아와 그 지식을 전달하도록 하겠다는 양자의 양해 아래 이루어졌다.

　이렇게 해서 그 일은 시작되었다. 카모는 그곳에서 삼백 킬로미터쯤 떨어진 곳에 있는 선교 본부로 갔다. 그곳에서 카모는 또래의 어린이들과 미션 스쿨에 입학했다. 글 쓰는 법과 읽는 법을 배우고 그리스도교 신앙의 기본적인 교리도 배웠다. 그러는 사이에 세례를 받고, 성경과 교리와 전례에 대해서 좀 더 철저한 교육을 받았으며, 역사·지리·수학·물리학 등에 대한 기초 교육도 받았다. 열심히 그런 것을 배워서 스무 살이 되었을 때는 초등학교와 중학교 수준의 과정을 수료했는데, 그것은 당시로서는 아주 예외적인 일이었다. 그러나 카모는 모든 면에서 예외의 청년이었다. 선교 본부에 머무는 동안 카모는 한시도 자신의 부족이나, 언젠가 고향 땅으로 되돌아가겠다는 약속을 잊은 적이 없었다. 사실 그가 열심히 공부해 우수한 성적에 도달하게 된 것은, 열두 해 동안 '백인 사제회' 신부들과 함께 지내면서 쌓은 지식을 가지고 고향으로 돌아가 부족 사람들에게 봉사하겠다는 커다란 열망이 고무된 결과였다.

　이런 꿈에 대해서 카모는 자주 쿠드렉 신부와 이야기를 나누었다. 물론 신부는 그가 열심히 노력하도록 격려해 주었으나, 카모가 무쿠루로 돌아가서 그곳에 영주할 경우, 다른 부족민들처럼 장님이 되지 않을까 은근히 두려워하고 있었다. 아무래도 마을을 에워싸고 있는 늪지대가 사람들을 장님이 되게 하는 원인인 것 같았다.

카모가 떠나야 할 날이 다가오고 있던 어느 날 쿠드렉 신부는 입양한 아들에게 자신의 두려움을 털어놓았다.

카모는 특유의 고귀한 마음을 가지고 반응했다.

"어쩌면 신부님께서 두려워하고 있는 일이 일어날지도 모릅니다. 그러나 그런 일로 저 자신에 대해서 걱정할 수는 없습니다. 아시다시피 저에게는 우리 부족과 관련된 커다란 꿈이 있습니다."

"그래? 그것이 무엇인데?"

젊은이는 망설였다. 그는 아직까지 아무에게도 자신의 그 은밀한 야망을 털어놓은 적이 없었던 것이다. 그것은 너무나 원대한 것이었다! 어쩌면 사람들은 그 계획을 듣고 웃음을 터뜨릴지도 모른다.

카모는 말하기 시작했다.

"그러니까 그것은… 성인이 된 마윰바스족이 모두 장님이 되는 것은 너무나 안타까운 일입니다. 그것을 생각하기만 하면 제 가슴이 찢어질 것만 같습니다. 분명히 그렇게 되어서는 안 되잖아요, 신부님?"

쿠드렉 신부는 카모가 무슨 말을 하려고 그렇게 뜸을 들이고 있는지 알 수 없었다.

"그래, 그것은 네 말이 맞는 것 같구나. 그러나 마윰바스족이 그 불결한 늪 근처에서 사는 한, 그 사람들은 계속해서 십 대에 장님이 될 수밖에 없을 것 같구나."

그 말을 들은 카모는 완전히 흥분 상태가 되었다.

"바로 그것입니다, 신부님. 그것이 문제의 핵심입니다! 그래서 저는 그것에 관해서 무엇인가를 할 생각입니다."

"무슨 일을 하겠다는 것이냐, 카모? 그 상황을 바꿀 수 있는 무슨 일을 할 수 있다는 거지?"

또다시 젊은이는 대답하기 전에 머뭇거렸다. 쿠드렉 신부는 나를 설득해서 단념시키려 들까? 좋다. 어디 한번 부딪쳐 보자. 그 누구도 내 마음을 바꾸지는 못할 것이다. 자신의 마음속에 이 훌륭한 계획의 씨앗을 뿌린 것은 하느님이라고 확신하고 있었기 때문이다. 그리고 하느님의 도움으로 성공을 거두게 될 것이다.

카모가 마침내 입을 열었다.

"제가 실행하려고 하는 계획은요, 신부님. 모세가 자신의 백성들을 위해 했던 일을 하는 것입니다. 즉 우리 부족을 자유의 세계로 인도해 가는 것입니다. 모세처럼 저도 무쿠루로 돌아가, 마을 사람들이 늪지대를 떠나도록 설득해서 장님이라고는 찾아볼 수 없는 좀 더 건강한 지역에 정착하는 것입니다."

쿠드렉 신부는 질겁했다. 그것을 실천에 옮긴다는 것은 불가능한 일이었다. 그의 마음속 눈은 카모가 장차 부딪칠 강력한 저항을 미리 예측할 수 있었다. 특히 눈이 머는 것을 자신들 인생의 벗어날 수 없는 특색으로 받아들이고 있는 부족 장로들의 저항이 심할 것이다. 미래의 세대가 더 나은 운명을 즐길 수 있도록 그들은 자신들의 고향 땅을 영원히 떠나는 것에 동의할까? 그리고 만일 카모가 자신의 위대한 목적을 위한 운동을 하는 데 여러 해가 필요하게 된다면, 성공을 이룩하기도 전에 늪지대의 유독한 가스에 노출되어 그 자신이 장님이 되고 마는 것은 아닐까? 그러한 여러 가지 불안 요소들에 대하여 신부는 카모에게 솔직하게 털어놓았다. 그러나 카모는 완고했다. 그러한 불안 요소들은 결코 새로운 것이 아니었다. 카모는 여러 해 동안 그 원대한 계획을 세우면서 머릿속으로 수천 번 그런 것들에 대하여 생각해 보았기 때문이다.

카모의 대답은 간단했다.

"저도 그런 것은 모두 알고 있습니다, 신부님. 그리고 저를 믿어 주세요. 그 계획 앞을 가로막고 있는 엄청난 어려움들을 모르는 바가 아닙니다. 하지만 저에게는 다른 선택의 여지가 없는 것 같습니다. 저는 동족들을 암흑 속에 남겨 둘 수 없습니다. 제가 어떤 대가를 치르더라도, 설령 끝에 가서 제 목숨을 희생하는 한이 있더라도 그들을 광명 속으로 인도해 가야 합니다."

카모의 눈과 목소리에서 전혀 흔들리지 않는 굳은 결의를 읽은 신부는 손을 들고 말았다.

"그렇다면 좋다. 나도 축복해 주마. 하느님께서 너와 함께하시기를 빈다."

그로부터 몇 주 뒤, 고등학교를 졸업한 직후 카모는 자신의 부족에게 돌아갔다.

마음바스족은 카모를 따뜻하게 맞아들였다. 특히 그의 아버지인 므비티 추장은 뛸 듯이 기뻐했다. 당연한 일이지만, 마을 사람들은 스무 살이 되었는데도 카모가 아직도 시력을 잃지 않았다는 사실에 놀라움을 금치 못했다. 카모는 사람들에게 세균으로 오염된 늪지대를 떠나 어딘가 다른 곳으로 이주하면 그들 역시 장님 신세를 면할 수 있다고 (적어도 현재 열 살 이하인 어린 세대와 마음바스족의 모든 미래 세대는) 설명했다. 그러나 그들은 그의 설명을 비웃으면서 세균이니 뭐니 하는 말을 전혀 믿으려고 하지 않았다. 어떻게 그들 가운데 한 사람도 일찍이 본 적이 없는 존재가 그들 속에 존재할 수 있단 말인가? 어떻게 그 '세균'인가 하는 것이 장님의 원인이 될 수 있단 말인가?

다행히 카모는 작은 현미경을 갖고 돌아왔기 때문에 그들에게 물방울 속에 마음바스족이 존재할 것이라고는 꿈에도 생각하지 못한 벌레들이 득실거리는 것을 보여 줄 수 있었다. 이런 증명은 세균을 실제로 보게 된 어린이들 사이에 커다란 반향을 불러일으켰다. 그러나 그 실험도 그것을 볼 수 없는 장로들에게는 작은 충격밖에 주지 못했다. 그가 성인이 되었는데 놀랍게도 완벽한 시력을 지니고 있는 점에 대해서는 틀림없이 백인들이 마법을 걸었기 때문이지, 그가 늪지대를 오랫동안 떠나 있었다는 점과는 아무런 상관도 없는 일이라고 우겨 댔다. 그런 식으로 토론이 끝도 없이 계속되었다.

카모가 꾸준히 세 개의 마음바스족 마을을 돌아다니면서 계몽운동을 벌였기 때문에 마을 사람들은 각 마을에서 한 사람씩 눈이 보이는 소년들을 뽑아 그와 함께 여행을 하도록 허용함으로써 그의 비위를 맞추려 들었다(어쨌든 그는 므비터 추장의 아들이었으므로). 그들은 일 년 동안 먼 곳을 두루 여행하고, 여행에서 돌아온 다음에 다른 지방 젊은이와 노인들의 눈 상태에 대해서 장로들에게 보고하게 한다는 것이었다. 물론 마음바스족은 모든 아프리카 형제들이 시력과 장님에 관한 한, 자신들과 마찬가지 처지로 고통을 받고 있다고 확신했다.

마음이 내키지는 않았지만 카모는 그들의 계획에 동의하지 않을 수 없었다. 그리고 즉각 그 소규모 사찰단을 조직하여 출발했다.

일 년이 지난 뒤 그들이 돌아왔다. 세 명의 소년은 자신들이 목격한 모든 것을 충실하게 보고했다. 그들이 들른 모든 지방에서 소년들은 중년은 물론 심지어 노인까지도 건전한 시력을 유지하고 있는 것을 보았던 것이다. 그렇게 해서 마음바스족은 결국 자신들의 상황 문제에 직면하지 않을 수 없게 되었다. 그리고 피할 수 없는 결론에 도달했다. 즉 미래 세대가 장님 신세를 면하기를 원한다면 자신들의 익숙한 늪지대를 두고 낯선 땅을 찾아 떠나야 한다는 것이다.

이미 예상한 대로 많은 장로들이 그 해결책을 반대했다. 그리고 그들 사이에 과격한 말다툼이 벌어졌다. 어떤 사람들은 카모의 편을 들며 그를 해방자로 보았다. 또 어떤 사람들은 그를 지금까지 평화롭게 살아온 자신들의 삶을 혼란에 빠뜨리기 위해 온 말썽꾸러기로 보고 반대했다. 이렇게 해서 논쟁은 몇 주일이고 몇 달이고 계속되었다. 그와 같은 일에서 흔히 볼 수 있듯이, 다수가 소수를 압도했다고 해서 어떤 결정을 내릴 수도 없었다. 그러한 결정은 부족의 단결을 깨뜨리기 때문이다. 반대로, 논쟁의 쟁점은 어떤 합의점에 도달할 때까지(그것은 종종 타협이라는 형태를 취하지만) 깊이 생각하고 논의했다. 이번 사건의 결말도 그런 것이었다. 즉 결국엔 카모를 따라가느냐, 아니면 무쿠루에 남느냐에 관한 선택권을 각 가족에게 주기로 결정이 내려졌다.

  카모는 그 결정이 마음에 들지 않았다. 그러나 그 당시에는 그것을 바꾸기 위해 그가 할 수 있는 일이 아무것도 없었다. 대충 마윰바스족의 3분의 1가량이 그의 주위에 몰려들었다. 그것은 그가 희망한 결과는 아니었으나 뜻깊은 시작이었다. 그리하여 오랜 준비 기간을 가진 뒤, 카모는 별난 이주자의 무리를 이끌고 고향 땅을 출발했다. 앞을 볼 수 있는 어린이들이 앞 못 보는 어른들을 인도했다. 결국 마을 사람들을 위해 비옥한 땅을 발견했으며, 그들 모두 그곳에서 비교적 용이하게 정착할 수 있었다. 새로운 거주지에 그들은 '카팡가', 광명의 땅이라는 이름을 붙였다.

예상대로 완전히 정착하기까지는 시간이 많이 걸렸다. 실제로 젊은 지도자가 다음 계획을 실행에 옮길 준비가 끝날 때까지는 몇 년의 세월이 흘러갔다. 이 계획을 위해 카모는 자신을 따라온 가족들 가운데서 영향력 있는 사람들을 데리고 고향에 남아 있는 마윰바스족에게 카팡가로 이주하도록 설득할 희망을 안고 고향 땅으로 돌아갔다.

카모는 카팡가에서 함께 온 동료들의 도움을 빌려 무쿠루에 남아 있는 주민들과 끝없는 토론과 회합을 갖는 데 꼬박 이 년의 세월을 보냈다.

처음에 카모는 어린 자녀들의 미래에 관해서 호소를 했으나, 완강한 거부에 부딪쳤다. 즉, 늪지대에 더 이상 오래 머물러 있다가는 그들의 자녀들 역시 그들과 똑같은 장님이 된다는 호소였다. 그러나 그 뒤 얼마 있으니까, 십 대 중반에 가까운 아이들이 자신을 위해 호소에 합세했기 때문에 일부 노인들도 다시 생각을 하기 시작했다. 그리고 끝에 가서는, 세 개 마을의 주민들이 모두 참가한 가운데 격한 논쟁이 벌어졌고, 마윰바스족의 나머지 3분의 1이 고향 땅을 떠나 첫 이주민과 합류하기로 결정을 내렸다.

당연히 카모는 그러한 사건의 과정 안에서 크게 위안을 받았다. 즉각 그 두 번째 그룹을 카팡가로 안내해 가서, 그들이 완전히 자립을 하게 될 때까지 그들이 필요로 하는 물건을 공급해 주는 데 최선의 노력을 다했다. 이 작업을 위해 그는 지칠 줄 모르는 활동으로 또 한 해를 보냈다.

이제 마윰바스족의 3분의 2를 오염된 늪지대에서 구해 냈다. 카모는 그 위대한 업적에 대해서 자랑할 만한 모든 이유를 갖고 있었다. 그리고 사실 그는 매일 하느님께 자신에게 동족들을 위해 그와 같이 큰일을 할 수 있도록 힘과 용기를 내려 주신 데 대하여 감사하고 있었다. 그러나 아직도 무쿠루에 어른들과 함께 남아 있기 때문에 곧 시력을 잃게 될 어린이들의 절망을 생각하면, 그의 마음은 슬픔으로 가득 차곤 했다. 얼마 뒤, 그 생각이 강박 관념으로 변해서, 카모는 다시 무쿠루로 돌아가서 남아 있는 동족들을 모두 데리고 돌아와야겠다는 결심을 하게 되었다.

그 후로 사 년 동안 카모는 밤낮을 가리지 않고 쉴 새 없이 세 개 마을을 찾아다니면서 노인들이 마음을 바꾸도록 설득했다. 그러나 불행하게도 그의 많은 노력은 신체의 저항력을 고갈시켰고, 늪지대의 유독한 영향이 카모에게 미치기 시작했다. 차츰 시력이 약해져 갔다. 얼마 후 카모는 이른 새벽이나 해가 저물 무렵 길을 걸을 때에는 다른 사람의 손에 의지해야 했다. 그리고 끝내는 자신이 완전히 장님이 되었다는 것을 깨닫게 되었다.

암흑이 그를 영원히 삼켜 버린 날 카모는 절망의 거센 파도가 마음속을 굽이쳐 흐르는 것을 느꼈다. 몇 시간 동안 오두막에 앉아,

남아 있는 동족들을 설득하면서 보낸 헛된 세월들에 대해서 깊이 생각했다. 이제 그 사람들을 위해서 할 수 있는 일이 아무것도 없는 것처럼 보였다. 기도하고 요행을 바라는 수밖에는 말이다. 바로 그때 이 고집 센 사람들을 그냥 내버려 두고 카팡가로 돌아가자는 생각이 마음속에 떠올랐다. 그러나 즉각 그 생각을 마음속에서 몰아냈다. 아니다. 목숨이 붙어 있는 한, 형제들에 대한 호소를 멈추지 않을 것이다. 이곳에서 그를 필요로 하는 한, 이곳에 머물러 있지 않으면 안 된다.

고향에 남아 있던 고집 센 마융바스족 사람들은 눈이 멀면서까지 카모가 태도를 바꾸지 않는 것을 보고, 카모의 숭고한 헌신적인 태도에 감동하기 시작했다. 위대한 사랑 외에 다른 어떤 것이 그러한 태도를 설명할 수 있겠느냐고 그들은 생각했다. 서서히 고통스럽게 그들은 그 사랑과 자신들의 자녀의 미래에 대한 무관심을 비교해 보았다. 점차 그들은 카모와 논쟁을 벌이는 것을 중단하고 자신들의 입장을 재고하기 시작했다. 지금 그 자신마저 장님이 되어 버린 카모가, 이제 아무것도 얻을 것이 없는 카모가 그처럼 적극적으로 권하는 것이라면 그것은 정말로 그들의 이익이 되기 때문이 아니겠는가?

결국 어느 날 장로들이 카모와 함께 카팡가로 떠나겠다는 자기들의 결정을 알리기 위해 그의 오두막을 찾아왔다.

그들이 다가오는 소리를 듣자, 그의 가슴은 기쁨으로 마구 울렁거렸다. 실제로 전날 밤 카모는 미래에 관해 멋진 꿈을 꾸었던 것이다. 환희에 차서 벌떡 몸을 일으켜 방문객을 맞으러 문밖으로 달려나갔다.

그들이 부족의 의례적인 인사말도 고하기 전에 카모가 대표단에게 기쁨에 넘쳐서 말했다.

"여러분, 여러분의 방문 목적을 말할 필요는 없습니다. 나는 이미 알고 있으니까요. 어젯밤 꿈에 하느님께서 말씀하셨습니다. 나와 여러분 모두가 가족들과 함께 있는 것을 보았습니다. 우리는 밤새 길을 걷다가 낯선 땅에서 길을 잃었습니다. 밤새도록 걸었습니다. 그러나 마침내 새벽이 찾아왔습니다. 새벽과 동시에 우리가 카팡가의 첫 오두막에 도착해 있는 것을 발견했습니다."

그의 말에 놀라움 가득한 침묵이 뒤따랐다. 그리고 장로들 가운데서 가장 지위가 높은 루감바 수장이 침묵을 깨며 말했다.

"자네의 하느님께서 진실을 말하셨네, 카모."

사흘 뒤, 기쁨에 넘친 카모는 마윰바스족의 마지막 이주민들을 인도하고 있었다. 그들은 '광명의 땅'으로 향하고 있었다.

혼자가 아니다

　하느님을 다시 찾고 강렬한 영적 재생을 경험한 모니카 라아스는 이제부터는 인생의 모든 것이 원만하게 풀려 나갈 것이라고 생각했다. 어쨌든 하느님이 내 편에 서 계신데 무엇이 잘못될 수 있겠나 싶었다. 이 점에서 그녀는 특히 '시편 91편'의 마음 든든한 약속을 좋아했다. 그 구절은 '전능하신 분의 그늘에 머무는' 하느님의 충실한 추종자는 온갖 재난으로부터 필요한 보호를 받는다는 것을 보증하고 있는 것처럼 보였고, 그녀는 그렇게 믿었다. 그리고 그녀가 참석하는 '기도 모임'에서 만난 다시 태어난 많은 그리스도인들도 그렇게 믿었다(그녀의 남편 쿠르트의 말 없는 반대에도). 그 기도 모임은 모든 사건의 내적이고 궁극적인 의미를 너무나 손쉽게 찾아내는 것처럼 보였고, 그것을 합리화함으로써 자신들의 모든 고통을 완화해 주었다. 함부르크의 모든 시민들 중에서 명랑하고 알렐루야로 가득 찬 그녀의 '기도 모임'의 동료만큼 인생의 고난으로부터 철저하게 보호받고 있는 사람은 없는 것처럼 보였다. 적어도 그것이 그녀가 받았던 얼마 동안의 인상이었다.

그러나 현실이 모니카 라이스의 생활을 망쳐 놓기 시작했다. 한 해 동안 그녀는 재난을 경험해야 했다. 그때까지 그토록 짧은 기간 내에 그렇게 많은 일이 일어날 줄은 꿈에도 생각지 못했다. 처음에는 유산을 하게 되었는데, 그것은 그녀를 슬프게 했고 깊은 상처를 안겨 주었다. 그 사건은 눈에 띄지는 않았지만, 그녀를 견딜 수 없을 정도로 우울하게 만들었다. 두 번째는 회사에서 비서 일자리를 잃은 것이다. 그녀가 사장의 성희롱을 받아 주지 않았기 때문이다. 그래서 훨씬 보수가 적은 학교 임시 교사직으로 이직을 해야 했다. 세 번째는 오랫동안 독감과 뾰루지가 흉하게 돋는 피부병을 번갈아 가면서 앓아야 했다. 그리고 마지막으로, 남편이 고속도로를 달리다가 교통사고를 당했다. 취학 적령기의 세 자녀와 그녀를 남겨 두고 그는 유산 한 푼 없이 세상을 떠나고 말았다.

당연한 일이지만, 모니카는 한꺼번에 밀어닥친 재난을 맞을 준비가 전혀 되어 있지 않았다. 게다가 영적 재생의 결과로, 자신은 그러한 시련을 당하는 경우로부터 제외되어 있다고 굳게 믿고 있었다. 하느님이 이제부터는 인생을 책임지기로 되어 있잖은가? 결국 모니카는 우리 인생에 대한 하느님의 역할에 대한 자신의 모든 생각을 재검토하지 않을 수 없게 되었다.

모니카는 종교 문제에 대해서는 거의 관심이 없고, 그러한 처참한 경험을 한 뒤에도 신경 쇠약에 걸리지 않은 것에 놀라움을 금치 못했던 어릴 적부터의 친구인 리사에게 어느 날 설명을 했다.

"사실은 말이야, 리사, 내가 돌아 버리지 않은 것은 그 재난 전체를 통해서 항상 그 자리에 하느님이 계셨기 때문이야."

"도대체 그게 무슨 소리니?"

그녀의 친구가 의아한 듯이 물었다.

모니카는 적당한 말을 찾느라고 망설이고 있었다. 리사가 종교적인 감정에 대해서 비웃는 태도를 취한다는 것을 알고 있었기 때문에 경건한 체하거나 꾸미는 것 같은 인상을 주고 싶지 않았다.

"글쎄, 그처럼 어려운 일이 연속해서 일어나고 있는데도, 내 옆에는 항상 하루하루 그 어려움을 견뎌 낼 힘을 주고 있는 강력하고 충실한 존재가 있다는 것을 깨달았다는 얘기야. 그러니까 나는 결코 혼자가 아니라는 것을 발견한 거야. 궁극적으로는 내가 하느님을 믿고 있는 한, 그 어떤 것도 나를 파괴하거나 죽음으로 몰아넣지 못한다는 것을 안 거야."

그리고 나서 쓸쓸하게 웃으며 덧붙였다.

"물론 그것은 사망, 상해, 손해의 경우를 위해 드는 총괄 보험만큼 마음 든든한 것은 아니겠지만, 어떤 의미에서는 더 낫다고도 할 수 있어."

"어째서 더 낫다는 거니?"

"그런 식의 하느님의 자비로운 현존은 절대적인 안전이라는 어린애 같은 욕구는 갖게 하지 않으니까 말이야. 그 대신 우리를 강하게 만들거든. 하느님께서 내 곁에 계신다는 것을 아니까, 나는 어떤 일도 견뎌 낼 수 있고 극복할 수 있다는 자신을 갖게 되거든."

리사는 친구에게 다정하게 웃어 보였다. 그녀는 종교적인 생각에 대해서 별로 공감하지 않았지만, 모니카의 신앙이 그녀보다 강한 수많은 사람들을 파멸시켰을, 이 엄청난 타격으로부터 살아남게 했다는 사실에 대해서는 감탄하지 않을 수 없었다.

"그래, 이제 어떻게 하겠다는 거니?"

모니카는 자신이 하느님과 종교에 대해서 언급한 것을 리사가 웃어넘기지 않은 것을 고마워하며 마주 웃어 보였다.

"글쎄, 내 생각에는 하느님께 내 인생을 전부 바치는 것이 좋을 것 같아. 그분은 지금까지 나를 계속 물 위에 떠다니도록 보호해 주셨어. 장래에도 그분이 나를 가라앉지 않게 하실 것이라고 확신해. 또 누가 알겠니? 그분이 내 현재의 곤란을 내가 모르는 그분의 어떤 위대한 계획을 위해 쓰실지."

리사는 눈썹을 치켜들고 의심스러운 어조로 중얼거렸다.

"어머, 그래? 혹시 너 잔 다르크 콤플렉스가 있는 것 아니니?"

두 사람은 깔깔거리고 웃음을 터뜨렸다. 웃음이 그치자 모니카는 무엇인가 깊이 생각하는 얼굴로 리사의 손을 잡고 다정하게 말했다.

"두고 보자, 리사. 두고 보자고."

그 이후의 세월은 모니카의 직관이 얼마나 통찰력이 있었는가를 보여 주게 되었다.

회사의 비서직을 그만두고 임시 교사가 되었을 때 모니카는 놀랍게도 아이들을 가르치는 데서 즐거움을 느끼는 자신을 발견했다. 사실 이전에 가졌던 어떤 직업보다도 이 새로운 직업을 훨씬 좋아하게 되었다. 그것은 어머니로서 경험이 아이들에게 감정 이입을 하고 어린이를 이해하는 타고난 재능을 개발시켜 주었기 때문일까? 어쨌든 그녀는 1급 교사, 즉 어린이를 상대할 때 뛰어난 재능을 발휘하는 타고난 교사로 빠르게 변신해 가고 있었다.

그렇게 해서 남편이 사망한 뒤, 재정적으로 살아남는 문제가 대두했을 때 모니카는 자연스럽게 새로 발견한 자신의 재능과 일치하는 해결책을 모색하게 되었다. 그녀는 자신의 집을, 낮 동안 직장에 나가기 때문에 아이를 돌볼 수 없는 부모의 자녀들을 위해 탁아소로 꾸몄다. 그것은 모니카로 하여금 집에 머물면서 생활비를 벌게 해 주었고, 동시에 자신의 아이들도 돌볼 수 있게 해 주었다.

그러나 그 일은 결과적으로, 그녀의 운명을 바꾸는 하나의 발전을 가져다주었다. 정기적으로 그녀에게 맡겨지는 열 명가량의 어린이들 중에는 늘 부모로부터 소홀한 취급을 받는 아이들

않은 임신의 결과이기도 하다)과 그 때문에 벌써 '문제아'가 된 아이들이 있었다. 모니카는 그런 특별한 아이들에게 깊은 연민을 느끼고, 그 아이들에게 될 수 있는 대로 사랑을 쏟아부었다. 그녀는 온갖 정성을 다해 그 아이들의 마음과 신체뿐 아니라 영혼까지도 돌보았다. 그들의 반사회적 경향을 없애 주려고 노력했을 뿐 아니라, 그 아이들이 하느님을 발견하도록 도와주었고(특히 들이나 가까운 공원에 나가는 '자연 체험'을 통해서), 기도와 성가 합창을 통해서 하느님의 치유력에 접하도록 했으며, 아이들의 신경 상태를 교정하는 방법과 수단을 발견하게 되었다. 결과는 누구나 짐작하겠지만 하룻밤에 이루어지는 것이 아니었다. 모니카는 많은 세월을 두고 여러 차례의 단계를 거쳐 차츰차츰 문제를 가진 각 아이에 대해 개인적인 접근법을 개발해 나갔으며, 그것을 하나의 훌륭한 기술로 연마해 나갔다. 물론 그녀 자신은 그렇게까지 대단한 것이라고는 생각하지 않았지만 말이다. 그녀는 다만 자신의 임무를 사랑하고, 그 아이들이 건전한 인간으로 성장하도록 도와주는 일에 최선을 다했을 뿐이다.

세월이 흘렀다. 모니카의 세 자녀들도 모두 학교를 졸업하고 각자 직업에 종사하면서 가정을 갖기 시작했다. 한편 모니카의 집은 탁아소로 계속 남아 있었으며, 그녀는 훌륭한 교사라는 평판을 얻게 되었다.

어찌나 소문이 널리 퍼졌던지, 어느 날 유명한 잡지사의 편집자가 그녀가 탁아소라고 부르는 '가정 학교'의 이례적인 성공담을 듣고, 그녀와 면담해서 문제아를 다루는 방법에 대해서 극구 칭찬하는 기사를 실었다. 그 기사가 다시 유명한 칼럼니스트 신디게이트의 주목을 끌게 되어 독일 전국에 소개되었다. 그다음에는 모니카가 출연해서 일반 대중에게 그 기술을 소개하는 프로그램이 텔레비전으로 방영되었다. 그것은 필연적으로 그녀에게 독일 국내와 외국 강연 여행을 강요하게 되었는데, 지금은 유명하진 '모니카 라아스 교육법'의 강의로 이어졌다. 마침내 교육부는 그녀의 교육학적 원리에 기초를 둔 일련의 특별 진료소 설립에 자금을 제공하게 되었다. 한마디로 모니카는 유명 인사가 되었다. 그녀의 강력한 영향력은 독일 국내뿐 아니라 국제적으로도 뻗어 나가게 되었다. 그것은 그녀가 꿈에도 예상치 못한 일이었다.

어느 날 믿음직한 친구 리사와 대화를 나누던 중 이제는 중년 부인이 된 모니카가 과거를 회상하고 있는 자신을 발견했다.

"지금도 기억하니, 리사? 쿠르트가 죽은 직후 언젠가 너에게 말한 것을, 내가 신앙을 다시 찾았는데도 하느님이 나에게 시련을 내리신 것에 충격을 받고 있을 때 내 인생을 전부 그분에게 바치기로 결심했다고 말한 것을?"

"그럼, 기억하고말고."

리사는 모니카가 무슨 말을 하려는지 짐작하며 대답했다.

"그래, 그분이 나의 선물에 어떻게 반응하셨는지 보렴. 그분은 내게 인생을 돌려주셨을 뿐 아니라(그때는 내 인생이 결딴났다고 생각했는데), 엄청나게 크고 몰라보게 변화시켜 주셨어. 그분은 내가 그분을 위해 큰일을 할 수 있도록 만들어 주셨다고."

하느님과 종교에 관해서 이야기할 때면 무엇인가 꼬투리를 잡아야 직성이 풀리는 리사가 반박했다.

"하지만 말이야. 너는 하느님한테 조종당하고 있다는 생각은 들지 않니?"

모니카는 그런 발상에 깜짝 놀라 되물었다.

"조종당하다니?"

리사가 대답했다.

"있잖아, 너는 하느님의 큰 뜻을 위해서 하느님한테 이용당하고 있다는 느낌이 들지 않니? 하느님의 계획을 수행하기 위해 애매하게 동원되었다는 생각이 안 들어?"

모니카는 큰 소리로 웃었다. 그러고 나서 부드러운 목소리로 꾸짖었다.

"리사, 리사, 넌 하나도 변하지 않았구나! 아직도 하느님을 의심하고 있니, 너는? 아무튼 걱정해 줘서 고맙다. 하느님께서 당신의 큰 뜻을 위해서 우리의 활동을 자극하시는 것은 사실이야. 하지만 그것은 하나도 나쁠 것이 없어. 그분의 큰 뜻이라는 것은 바로 우리

인간이니까 말이야."

그 말을 듣자, 리사는 그리스도교 신앙에 대한 희미한 동의의 감정이 꿈틀거리는 것을 느꼈다.

리사는 목소리에 기쁨에 넘치는 놀라움의 빛을 담고 물었다.

"그게 사실이니? 하느님의 큰 뜻이 우리 인간이라는 게?"

모니카는 대답하지 않았다. 그럴 필요가 없었기 때문이다. 그냥 웃어 보였다. 그녀의 찬란한 인생이 바로 대답이었다.

마블러스 마빈

　마틴 부부는 이상한 유머 감각을 갖고 있었는데, 그들이 외아들에게 '마빈'이라는 이름을 붙여 주었을 때 그 유머 감각을 크게 과시했다. 그렇게 해서 그 아들은 '마빈 마틴'이라고 불리는 커다란 핸디캡을 안고 인생 속에 뛰어들게 되었던 것이다. 마빈이 부모의 유머 감각의 일부라도 물려받았더라면 그는 자신의 우스꽝스러운 이름을 당당한 태도로 그냥 밀고 나갔을 것이다. 그러나 불행하게도 마빈은 진지한 성격의 소유자였고 차마 눈뜨고 볼 수 없을 정도로 잘난 체하는 인간이 될 뻔했다. 하느님의 은총으로 그렇게 되지는 않았다.

　그러나 그 은총도 그가 예수회에 들어간 초년에는 대학을 졸업하고 그는 수도원에 들어갔다 마빈에게 그리 큰 효력을 발휘하지 못했다. 특히 수련기 이 년 동안에는 마빈에게 '마셜(전투적인) 마빈'이나 '마블(대리석) 마빈'이라는 별명이 붙여졌다. 그가 막무가내로 성인이 되려고 힘을 썼기 때문이다. 그냥 성인도 아니고 '위대한' 성인이, 그것도 '빨리' 되어야 한다는 것이었다. 그것은 모든 형태의 고행을 추구하는 극단적인 열의를 잘 설명해 주고 있었다.

다행스럽게도 마빈은 매우 유능한 수련 지도자 귀도 신부의 손에 맡겨졌고, 유머 감각도 뛰어나 그 일부를 마블 마빈에게 심어 줄 수 있었다. 덕분에 마빈은 훗날 나이를 먹어 '마블러스 놀라운 마빈'이 될 수 있었다. 물론 그 과정은 실제로 많은 시간을 필요로 했다.

한편, 마빈이 영성 생활에서 장차 훌륭한 인물이 될 가능성을 정확히 꿰뚫어 본 귀도 신부는 지나치게 애써 발돋움하려는 결점에서 마빈을 보호하기 위해 무척 애를 썼다.

지도 신부는 때때로 두 사람의 사적인 대화 도중에 이렇게 말했다.

"나도 잘 알고 있네, 마빈. 자네가 성인이 되고 싶어 한다는 것을, 그것도 빠른 시간 내에 위대한 성인이 되고 싶어 한다는 걸 말일세. 아마 내일 아침 9시까지 성인이 되었으면 좋겠지. 그러나 그것은 자네의 일정표일세. 하느님은 다른 일정표를 갖고 계신다고 생각지 않나?"

처음 그 말을 처음 들었을 때 마빈은 충격을 받았다.

"신부님, 하느님께서 제가 성인이 되는 것을 원치 않으신단 말씀이신가요?"

귀도 신부가 웃었다.

"얘기의 요점은 그게 아닐세, 마빈. 요점은 성인이 되려고 하는, 그것도 빨리 위대한 성인이 되려는 희망은 하나의 유혹이고, 자기 과장의 교묘한 추구일 수도 있단 말일세. 사람들은 주로 자신의 영적 자아를 만족시키기 위해 성인이 되기를 원하니까."

마빈은 그제야 귀도 신부의 의도를 알 수 있었다.

"그렇다면 다른 선택은 무엇입니까? 제 이상을 포기해야 할까요?"

노신부는 참을성 있게 대답했다.

"전혀 그렇지 않네. 하지만 방향을 좀 바꾼다면 좀 더 쉽게 자네의 이상을 성취할 수 있을 걸세. 성인이 되기를 원하는 대신에, 하느님이 원하시는 것을 그분의 방법으로, 그분의 속도로 원해 보는 것은 어떻겠나? 자네 관심의 중심을 승화하는 것, 그러니까 자네의 관심에서 하느님의 관심으로 승화하는 것은 자만심으로 오만해지는 데서 자네의 자아를 보호해 줄 것일세."

어떤 때 귀도 신부는 마빈의 지나치게 심각한 태도를 은근히 놀려 대기도 했다.

"마빈, 고해 신부와 순교자에 대해 유머러스한 정의를 기억하고 있나? 고해 신부는 규칙을 완벽하게 지키는 사람이고, 순교자는 그 고해 신부와 함께 살아가는 사람일세. 자네가 선택해야 한다면 고해 신부가 아니라 순교자가 되게. 그 편이 자네의 가여운 동료 수사들이 견디기에는 쉬울 테니까 말일세."

때때로 귀도 신부는 이런 얘기도 했다.

"아빌라의 성녀 데레사가 뭐라고 말하곤 했는지 알고 있나, 마빈? '우리는 천성적으로 모두 어리석다. 그러나 은총에 의해서 어리석은 자가 되어서는 안 된다.'고 말했다네."

"하느님의 유머에 대하여 생각해 보게, 마빈. 낙타, 하마, 스컹크, 타조, 낙지나 두더지 같은 것을 만들어 낼 생각을 하신 걸 보면 그분은 틀림없이 유머 감각을 갖고 계신 것일세!"

"유머humor와 겸손humility이라는 단어는 같은 언어학적 뿌리에서 나온 것일세, 마빈. 즉 라틴어 흙humus에서 나온 것으로, 겸손한 사람은 자신이 흙으로 만들어졌다는 것을 자각하네. 자신이 하느님이 아니라는 것을 알지. 유머러스한 사람은 자신의 타고난 결점과 온갖 변덕과 특이한 성격을 잘 알고 있기에 웃을 수 있는 것일세. 그가 하느님을 진지하게 받아들이면 받아들일수록 더욱더 그 밖의 것을 가볍게 받아들일 수 있게 될 것일세."

이와 같이 전문적인 지도의 도움을 받아 마빈은 사물을 다른 눈으로 보기 시작해, 차츰 긴장을 풀고 자기 개성의 밝은 측면을 개발해 나갔다. 그렇게 해서 수련 기간 끝날 때쯤에는 궁극적으로는 완덕에 이르는 길에 진전을 이루었다.

그 후 마빈은 영성 생활에서 성장을 계속했다. 그리하여 마빈 역시 스승인 귀도 신부와 같이 하느님의 믿음직한 제자가 되었다. 물론 그 자신의 특이한 스타일로 말이다. 그러나 예상대로 많은 세월이 걸렸으며, 그 과정에서 수많은 유혹을 극복해야 했다. 그 유혹들 중 몇 가지가 그의 영적 일기에 기록되어 있었다.

마빈 신부는 일기 첫머리에 이렇게 쓰고 있다.

"나는 아직도 때때로 정도를 지나치려는 유혹을 느낀다. 그러나 아무리 강조해도 지나치다고는 생각할 수 없는 믿음과 희망과 사랑을 빼놓고는 모든 것이 도가 지나칠 경우에 나에게 해를 가져다줄 수 있다. 기도나 고행이나 일 같은 것들은 지나치면 해를 가져다준다. 자연 자체는 좋은 일도 너무 많으면 큰 불행을 가져다줄 수 있다고 가르치고 있다. 진화의 막다른 골목을 예로 들어 보자. 검치호 (사벌형의 송곳니가 특징인 고양잇과의 화석 동물)는 먹이를 잡아먹거나 스스로를 방어하는 강하고 예리한 이빨을 가지고 있다. 그러나 진화 과정에서 이 이빨들이 너무 길게 자란 나머지, 입을 다물지도 먹지도 못해 세상에서 사라졌다. 그와 마찬가지로, 아일랜드 큰사슴은 가지를 가진 뿔이 너무 커져 숲속에서 행동이 자유롭지 못해서 멸종의 비운을 맞았다. 진화한 동물 가운데 가장 몸집이 큰 공룡은 몸집이 너무 커져 거의 하루 24시간을 계속 먹어도 배를 채울 수 없을 정도가 되었다. 공룡은 거대한 자기 몸을 움직일 열량을 섭취하지 못해 멸종되었다. 아마도 같은 이론이 마스토돈(코끼리와 유사한 고

대 동물)에게도 적용된다. 지나치게 크게 자란 엄니 때문에 멸종되었던 것이다. 따라서 친애하는 마빈, '도를 지나치지 마라.'가 너의 좌우명이 되어야 할 것이다. 지난주 사흘 동안의 금식은 결정적으로 도가 지나쳤던 것 같다. 네 위장이 아직까지도 엉망진창이니 말이다."

일기 뒷부분에서 마빈 신부는 상응하는 행위가 뒤따르지 않는 격렬한 감정에 의존하는 위험성을 경고한다.

"나는 왜 이리 어리석을까! 나는 기도 중에 얼마나 자주 '오, 주님 당신을 위해서라면 저는 천 번의 죽음도 견디기를 원합니다.' 하고 주장했는지 모른다. 그런데 5분 뒤에는 수프가 너무 짜다고 투정을 부리고 있으니!"

또 다른 곳에서는 이렇게도 쓰고 있다.

"교회는 성덕의 모든 표본으로 수많은 성인들을 시성해 왔다. 그러나 그리스도는 단 한 사람만을 시성했다. 당신의 어머니였을까? 사도들 가운데 한 사람이었을까? 아니다. 한 사람의 도둑이었다. 예수님은 당신 옆 십자가에 매달린 죄인에게 이렇게 말씀하셨다. '오늘 네가 정녕 나와 함께 낙원에 들어가게 될 것이다.' 이 말씀은 하느님의 판단이 우리 판단과 전혀 다르다는 것을 깨닫게 해 주었다."

이와 같이 마빈 신부의 영적 여정은 오랜 세월에 걸쳐서 계속되었다. 드디어 마빈 신부는 수련 수사들의 지도 신부로 임명되었고, 예수회 젊은 회원들을 이끄는 일을 포함해 많은 임무들을 수행하게 되었다. 그때쯤에는 성격도 원만해지고 영적 깊이도 크게 증대되었다. 그리고 동료 수사나 신부들이 깊이 존경하는 하느님의 제자 '마블러스(놀라운) 마빈'이 되어 있었다.

그러나 마빈 신부는 이미 오래전부터 자신을 너무 심각하게 생각하지 않게 되었다. 젊은 시절에는 찾아볼 수 없던 유머 감각이 지금은 활짝 개화했고 많은 유혹을 극복해 가는 동안에 획득한 지혜도 원숙해져 있었다. 영성 생활의 수많은 함정을 헤치고 나온 개인적인 방랑을 감안한다면 이렇게 다른 사람들의 믿음직한 길잡이가 된 것은 조금도 놀랄 일이 아니다! 그리고 그의 신비로운 지혜는 항상 개구쟁이 같은 웃음이 뒤따르는 공개 강연이나 개인적인 대화 속에서 모습을 나타냈다.

"아아, 완벽하게 보여야만 하는 이 부담의 무게여!" 하고 마빈 신부는 때때로 자조하듯이 외쳤다.

"우리는 자신의 영적 진전에 관심을 가져야 할까요?"

마빈 신부는 정기적인 강론 중에 이런 질문을 던졌고 이렇게 대답했다.

"그렇지 않습니다. 진전 그 자체로 족합니다. 실제로 우리가 걷는 동안 계속 우리 다리만 지켜본다면 무엇인가에 걸려 넘어지기가 십상입니다. 따라서 우리 발걸음과 땅을 번갈아 지켜보는 것이 좋습니다."

마빈 신부는 자신이 무슨 말을 하는지 잘 알고 있었다. 그 자신이 너무나 자주 완벽주의 때문에 좌절해 왔기 때문이다.

겸손에 관한 또 다른 강론에서 마빈 신부는 젊었을 때 유혹 하나를 모두에게 털어놓았다.

"과거에 나는 성인들처럼 죄인임을 공개적으로 주장하면 더 겸손해질 것이라고 생각했던 시기가 있었습니다. 이 방법은 좋은 의도로 사용되었지만, 여러 가지 면에서 결점이 있다는 것을 경험을 통해 알게 되었습니다. 첫 번째로, 성인이 아닌 나는 성인에게는 자연스럽게 찾아오는 것을 인위적으로 하고 있었습니다. 두 번째로, 성인들은 대개 다른 사람보다 자신이 특별한 혜택을 받으면 하느님께 자기는 그럴 만한 가치가 없다고 주장합니다. 세 번째로, 내가 죄인이라는 것은 모든 사람들이 늘 볼 수 있을 만큼 너무나 명백한 것이어서 구태여 그것을 공표할 필요가 없습니다. 마지막으로, 내가 죄인임을 주장하는 한, 나는 아직도 나 자신에 대해서 얘기하고 있는 것이며, 그것은 나의 보잘것없는 자아에 다른 사람들의 이목을 집중시키려는 교묘한 방법인 것입니다."

그리고 '마블러스 마빈' 신부는 다음과 같이 결론을 내렸다.

"여러분이 겸손해지기를 원한다면 그 최선의 방법은 자기 자신을 완전히 잊는 것입니다. 아니면 자기 자신을 그리스도의 몸(교회)의 평범한 구성원으로 보는 것입니다."

이러한 가르침들을 마블러스 마빈 신부는 전 인간적으로 구현했다. 때로는 그의 소박한 찬미자들이 알아듣지 못할 정도의 가벼운 터치의 유머를 항상 곁들여서 말이다. 예를 들면, 언젠가 한 방문객이 열렬한 영웅 숭배의 기분에 들떠서 그에게 이렇게 물었다.

"신부님, 당신은 살아 있는 성인이라고 하던데, 그것이 사실입니까?"

이 질문을 한 사람은 위대한 성인답게 마빈 신부가 펄쩍 뛰면서 부인할 것을 기대하고 있었다.

"그것은 사실입니다."

마빈 신부는 눈에 장난기를 띤 채 근엄한 얼굴로 대답했다.

전혀 기대하지 않은 대답에 놀라고 당황한 그 방문객은 자신의 실망을 노골적으로 드러내며 마빈 신부를 쏘아붙였다.

"하지만 겸손의 미덕은 어떻게 되었습니까?"

마빈 신부는 태연자약하게 말을 계속했다.

"그 미덕을 익히는 데 상당히 힘이 들었다는 것을 고백해야겠군요. 정말로 그것을 숙달하는 데 꼬박 사 년이나 걸렸답니다."

그러고 나서 잠시 말을 끊은 다음 냉정하게 덧붙였다.

"그것은 아주 오래전 일이지만 말입니다."

전해지는 이야기에 따르면, 위에 인용한 그 소박한 찬미자는 마블러스 마빈 신부에게 이른바 성인 운운하는 질문을 다시는 던지지 않게 되었다고 한다. 그는 마빈 신부가 늘 다른 사람을 지도하고 싶은 유혹에 저항하고 있다는 것을 어렵게 알아냈던 것이다. 그의 차츰 높아져 가는 성덕의 평판에도 말이다.

인생의 만년에 접어들어 약해진 다리 때문에 휠체어 신세를 지며 요양소에서 나날을 보내고 있을 때 마빈 신부는 아침 식사가 끝난 뒤에는 반드시 소성당에 데려다줄 것을 요구하고, 성체 앞에서 오전을 보내곤 했다. 그러나 많은 노인들이 그렇듯이 그도 대부분의 시간을 졸면서 보냈다. 어느 날 수련 수사가 마빈 신부를 놀렸다.

"마빈 신부님, 신부님은 부끄럽지도 않으십니까? 소성당에 계신 동안 계속 주무시기만 하셨으니 말입니다."

마블러스 마빈 신부는 태연한 얼굴로 대답했다.

"내가 왜 부끄러워해야 하지? 개는 주인 발밑에서 곧잘 잠을 자지 않는가?"

마빈 신부의 만년이 완전히 비활동적인 것은 아니었다. 많은 사람들이 그를 찾아와 조언을 구하거나 고민을 털어놓았고, 단순히 고해성사를 받기를 원하기도 했다. 실제로 고해 신부로서 마빈 신부는 믿을 수 없을 정도로 다정하고 이해력이 풍부해 모든 고해자들이 가벼운 마음으로 그의 방을 나갔다. 또 다른 형태로도 그 노신부의 성덕은 그 본바탕을 드러냈다. 예를 들면, 그의 얼굴은 누군가가 찬양하는 말을 들을 때마다 환하게 빛났다(그 아무리 악명 높은 불한당이라 할지라도). 그리고 그는 결코 인간을 비판하지 않고 오로지 행위만을 비판했다. 그 둘을 마빈 신부는 엄격히 구분했다. 그리고 인생 최후의 날까지 그 독특한 유머를 지켜 나갔다. 다음 일화는 그것을 가장 웅변적으로 말해 준다.

그가 죽음의 침상에 누워 있을 때 성당지기 빈센트 수사라는 이름의 까다로운 노인 가 시체에 입히는 데 필요한 제의의 치수를 알기 위해서 마빈 신부의 몸을 잴 요량으로 병실 안으로 들어왔다.

"그 사람 아직도 죽지 않았습니까?" 하고 빈센트 수사는 고통에 시달리고 있는 마빈 신부도 쉽게 알아들을 수 있는 커다란 목소리로, 제 딴에는 속삭인답시고 물었다.

그 질문의 의도를 즉각 알아차린 마빈 신부는 침대 옆에 있는 수도원장에게 중얼거렸다.

"빈센트 수사에게 나는 보통 중간 치수의 제의를 입는다고 전해 주지 않겠나? 하지만 빈센트 수사가 그토록 싫어하는 끔찍해 보이는 작은 치수의 빨간 제의를 이번 기회에 없애 버리고 싶어 한다면 내가 기꺼이 입어 주겠다고 말해 주게. 어차피 하늘나라에 가면 새 옷을 받을 테니 말일세."

임종하기 전 마블러스 마빈 신부가 최종적으로 한 일 중 하나는 참으로 그에게 어울리는 것이었다. 자기가 한 최고의 농담을 테이프에 녹음해 놓고, 자신의 장례 미사를 드리기 직전에 모여든 수사들에게 들려주라고 했다. 그 희망이 그대로 실행되어 수사들은 그 테이프를 들으면서 재미있는 시간을 보냈다. 실제로 장례 미사가 집전되는 동안 킥킥거리는 소리가 여기저기서 이따금씩 터져 나왔다. 그것은 마빈 신부가 분명히 의도한 현상이었다. 사람들은 그의 장례식이 예수회에서 거행된 것 가운데 가장 웃기는 장례식이었다고 말했다.

 마블러스 마빈 신부는 시성될 수 있는 유형의 진짜 성인이었을까? 성덕과 웃음을 연관시키지 못하는 사람들을 빼놓고는 사람들 대부분이 그렇다고 말했다. 어쨌든 모두들 마빈 신부가 매우 겸손하고 매우 유머가 있다는 것에는 동의했다. 아마도 그것은 성덕에 대한 멋진 정의일지도 모른다.

무無에서

    다르다와 마홀이 2736년 6월 결혼했을 때 그들 사이에는 장차 자녀가 태어나는 일이 없을 것이라고 생각하고 있었다. 두 사람은 '세계 정부'의 인구 조절 정책의 선택적 규칙에 따라 사춘기 이전에 불임 수술을 받았기 때문이다. 그러나 설명이 불가능한 익살스러운 자연의 장난 덕택에 다르다는 어느 날 임신을 하게 되었다. 마홀과 그녀는 물론 기쁨에 넘쳐서 법률이 요구하는 대로 임신국에 그 사실을 급히 보고했다.

    그러나 실망스럽게도 임신국에서 그들은 정중한 거부의 벽에 부딪쳤다.

    "아닙니다. 다르다는 임신한 것이 아니고, 상상 임신에 불과한 것입니다."

    그녀의 이력서(컴퓨터 자료에서 뽑은)에 따르면, 그녀는 아기를 임신하기에는 절대로 부적절하다는 것이다. 몇 세대 전에 '세계 정부'에 의해 제정된 선택적 불임 프로그램은 문자 그대로 수십억 건의 사례를 통해서 확실히 믿을 수 있다는 것이 증명되었다. 따라서 예외는 생각도 할 수 없고 불가능하다는 것이었다. 컴퓨터와 진보된 기술은 절대로 실수를 저지르지 않는다. 다르다는 고작 심리학에서 널리 알려진 장애, 보기 드문 '상상 임신'에 걸린 것뿐이며, 그것은 유능한 정신과 의사라면 고칠 수 있는 병이었다. 하지만 다르다가 자신의 임신이 진짜라고(임신 4개월째라고) 우겼으므로 이웃에 있는 가장 가까운 정신과 의사에게 보내져 일주일 이내 치료를 받도록 지시가 내려졌다. 임신국의 관리들은 그 사례를 그렇게 종결했다.

하지만 다르다에게는 그렇지 않았다. 그녀에게 임신은 엄연한 사실이었기 때문이다. 사실 그로부터 5개월 후 그녀는 건강한 사내아이를 낳았다. 그녀가 아기를 낳는 것을 목격한 바로 그 순간까지 심리적 환각에 시달리고 있다고 믿은 정신과 의사에게는 무척 곤혹스러운 일이지만 말이다. 정부의 독단적인 견해를 무조건 받아들이고 있던 의사에게 그 사건은 일대 충격이었다.

다르다는 그녀가 평소 좋아하던 큰삼촌의 이름을 따서 아들에게 '엘리카'라는 이름을 붙여 줄 생각이었다. 그러나 이름의 선택은 먼저 출생국의 동의를 얻어야 했다. 두 사람은 적당한 절차를 밟아서 엘리카를 등록하러 출생국에 찾아갔다. 그런데 불행하게도 출생국에서는 부모의 이력서를 검토하고 임신국의 임신 불능 기록을 발견하자(몇 초 만에 각 부처의 정보 공유가 컴퓨터로 이루어졌다) 과학적 확실성 쪽을 따르기로 결정을 내렸다. 즉 과학적으로는 어떤 아이도 다르다와 마홀 사이에서는 태어날 수 없기 때문에 두 부부 사이에서는 어떤 아이도 태어나지 않았다는 것이다. 엘리카는 체계가 잘못되었다는 것을 증명할 수 없는 한, 공식적인 존재 증명을 할 수 없었고, 앞으로도 그것은 불가능했다. 체제가 잘못되었다는 것은 도저히 생각도 할 수 없었기 때문에 엘리카는 결국 공식적으로는 존재하지 않는 인간이 되었다.

"아무도 아니라고?!"

다르다는 자신의 팔에 안긴 아름다운 아들을 들여다보면서 비웃듯이 중얼거렸다.

"좋아. 그렇다고 해 두자. 너는 '노원'(no one, 아무도 아니다)이라고 불러야겠구나. 관리들의 눈에는 존재할 수 없겠지만, 우리에게 너는 무엇과도 바꿀 수 없는 귀여운 아들이란다."

일은 그렇게 마무리되어 버렸다.

'노원'은 사회적 신분이 없는 채 쑥쑥 자라났다. 그는 계속 정부의 기록에는 존재하지 않는 인물로 남아 있었다. 그것은 약점이면서 여러 이점도 갖고 있었다. 사실 그는 학교에 입학을 할 수 없고 학위도 받을 수 없으며, 사회 보장 제도나 의료 보험 혜택도 받을 수 없고, 월급을 받는 직장에 취직할 수도 없고, 법정에 나가 증언하거나 심지어는 법적으로 결혼을 할 수도 없었다. 그러나 한편으로는 수많은 자질구레한 사회 제약이나 비인간적 컴퓨터 마니아의 통제를 받지 않아도 되었다.

따라서 인물 증명을 위한 조사도 받지 않았으며 군대에 입대하지 않아도 되었다. 또 의무적인 장기 기증을 위한 조직 검사를 받지 않아도 되었다. 간단하게 말해 '노원'은 아무런 제약을 받지 않고 평화롭게 살 수 있었고, 전체적으로 볼 때 그는 그런 조치에 매우 만족하고 있었다.

항상 집 안에 있기 때문에 그는 부모에게 훌륭한 교육을 받았다. 아들의 특이한 법적 상황 때문에 부모는 고향인 복잡한 도시에서 멀리 떨어진 농장으로 이사를 가야만 했다. 그 농장은 글자 그대로 황량한 들판 한가운데 있었으므로 농장의 이름을 '노웨어'(nowhere, '노원'의 집에 걸맞은 이름이잖은가!)라고 붙였다. 그곳에서 그들은 '노원'을 진정한 그리스도인으로 키웠으며, 그동안 자신들이 배운 농업 기술을 무엇이든지 다 아들에게 가르쳤다. 이렇게 해서 '노원'은 성인으로 자라났다.

이제 결혼할 나이가 되었다고 생각했을 때 그는 이름이 없는 사회 조건과 농장에서 궂은 생활을 함께하기를 원하는 신부를 찾는 문제에 봉착하게 되었다. 그런 기특한 여자를 도대체 어디서 찾을 수 있단 말인가? 많은 생각을 한 끝에 한 가지 생각을 해냈다. 자연이 자신과 같은 기형적 인간(불임 수술을 받은 부모에게서 태어난)을 만들어 낼 수 있었다면, 물론 무한히 적은 사례이기는 하겠지만, 또 다른 기형적인 인간을 만들었을 가능성도 있지 않겠는가? 그가 태어난 도시 어딘가에 또 다른 여성 '노월'이 자기와 같은 기묘한 고통을 겪고 있을 테니까, 그와의 결혼을 환영하지 않을까? 비록 그것이 농부의 아내가 되는 것을 의미한다 할지라도.

이런 가정에 힘을 얻은 그는 대도시로 나가, 몇몇 신문의 '개인 통신란'에 광고를 게재했다. 광고 내용은 매우 간단했다.

"남성 '노월'이 여성 '노월'을 찾고 있음."

그는 자신과 같은 상황에 놓여 있는 처녀만이 그 광고의 의미를 알 수 있을 것이라고 생각했다.

그의 생각은 옳았다. 며칠 이내에 그의 광고는 응답을 받았다. 그리고 끝내 여성 동반자인 파르파르를 만났다. 그녀는 젊고 아름다웠으며, 게다가 헌신적인 그리스도인이었다. 그녀는 아직 미혼으로 배필을 찾고 있었다. 이런 상황에서 그다지 놀랄 일도 아니지만, 두 사람은 사랑에 빠져 곧 결혼을 했다. 양쪽 집안 가족들도 서로를 좋아하게 되어, 파르파르의 부모는 '노웨어'에 있는 '노월'의 부모와 합류해 그 옆의 땅에 정착하기로 결정을 보았다. 이렇게 해서 새로운 부부가 그들의 조그만 농장을 갖게 됨으로써 그 지역은 세 개의 조촐한 농업 단지를 갖게 되었다.

'노월'으로 하여금 아름다운 신부를 찾아내게 한 그 재능은 그에게 또 다른 발상을 떠올리게 했다. 자신의 운명에 중대한 역할을 한 하느님의 손을 감안할 때 아무래도 그들 두 사람만이 동떨어진 예외(유전학적 법칙의 단 하나의 예외)일 수는 없을 것이라는 생각이 들었다. 가령 그러한 기형적인 인간이 태어날 가능성을 백만 명의 출생자 중 한 명이라고 치면, 그런 독특하고 희귀한 현상은 통계학자의 주의를 벗어나기가 십상일 것이고, 잘해야 전혀 의미 없는 일로 생각될 것이다. 그렇기 때문에 그러한 사례에 대한 법적 조항이 존재하지 않는 것이다. 하지만 비록 백만 명에 단 한 명의 '노월'이 존재한다 하더라도 이것은 세계적으로 따져 보면 그런 인간이 수천 명 존재할 수 있다는 계산이 나온다. 바꿔 말해 그가 살고 있던 도시에도 최소한 수십 명이 존재할 수 있다는 뜻인 것이다. 왜 그들과 접촉을 시도해(눈에 띄지 않는 광고를 또 신문에 게재하는 등) 그들이 어떻게 변칙적인 상황을 살아가고 있는지 알아보려고 하지 않았을까? 파르파르도 그것을 참으로 좋은 생각이라고 격려해 주었다. 그래서 젊은 부부는 부모의 도움을 빌려 그들과 같은 부류의 사회적 소외자를 찾는 일을 시작했다.

그리고 그들의 노력이 성공적이었다는 것이 증명되었다. 마침내 서른일곱 명의 '노월'이 광고에 응했다. 모두 공식적으로 인정받지 못하는 일자리에서 받는 최저 임금으로 근근이 비참한 생활을 꾸려 나가고 있었다. '노웨어'에 있는 세 농장에 대한 이야기를 듣자, 그들 대부분이 그곳으로 이사 오기로 결정했다. 곧 그들은 번창하는 자기 농장을 갖게 되었다.

바로 그 시점에 무서운 전염병이 세계적으로 창궐했다. 원인도 알 수 없었고 이름도 없는 그 병에 최고의 의학 전문가들조차 어떻게 대처해야 할지 방법을 몰랐다. 다만 한 가지 확실해 보이는 사실은, 컴퓨터에서 발견된 전자 바이러스의 중압에 원인이 있다는 것이었다. 분명히 그 바이러스는 사용자의 시신경에 영향을 주었고, 두세 시간 안에 뇌에 치명적인 손상을 입혔다. 현재 컴퓨터는 가장 후미진 시골에서도 사용되고 있었으므로 지구 인구 전체가 3주 만에 그 전염병에 감염되었다. 유일하게 살아남은 것은 '노원'과 그 집단, 그리고 극소수의 네팔과 안데스 산맥의 고립된 마을 주민들뿐이었다.

덧붙여 말한다면, '노원'과 파르파르는 어떤 정부 기관에도 등록되어 있지 않았기 때문에 물론 불임 수술도 받지 않았다. 그들과 '노웨어'에 사는 사람들은 모두 새로운 인류를 만들 수 있는 유전자를 갖고 있었다. 따라서 '노웨어'는 적절하게 '새로운 에덴'이라고 다시 명명되었다. '노원'에 관해서 말하자면, 그는 신중하게 옛날 이름을 그대로 간직하기로 결심했다. 그는 친척들과 친구들에게 그 이유를 이렇게 설명했다.

"하느님께서 무에서 세상을 창조하셨다면 '노원'과 함께 많은 일을 하실 수 있을 것이라고 생각하는데, 안 그래요?"

늦게 온 사람

　천국의 분위기는 그날 특별히 축제 기분이었다. 매일 모두가 공기 속에서 맡을 수 있는 하느님의 향기 외에 승리의 풍부한 향기도 맡을 수 있었다. 오늘 경사에 가장 걸맞은 향기였다. 그도 그럴 것이 그 특별한 날에 천국으로 들어오는 것이 허용된 마지막 사람들이 도착하게 되어 있었기 때문이다. 그래야 선택된 사람들의 숫자가 완전히 채워지는 것이다. 이제 세계의 종말이 닥쳐오고, 이 마지막 집단 뒤에는 천국에 새로 도착하는 사람이 더 이상 없을 것이다. 따라서 모든 사람들은 그 환영식이 참다운 승리로 가득 찬 것이 될 것이라고 확신했다.

　드디어 모든 준비가 끝나고 커다란 은제 트럼펫이 신참자들의 도착을 알렸다. 그 사람들은 엄숙한 걸음걸이로 '진주의 문'을 통해서 천국으로 들어왔는데, 그들의 얼굴에는 말로 이루 다 표현할 수 없는 기쁜 웃음이 담겨 있었다.

행렬 맨 앞에는 가정주부가 한 명 서 있었다. 그녀는 매일매일 가족들과 손님들을 위해 식사 준비를 할 때 온갖 정성을 쏟았다. 그래서 그에 걸맞게 그녀 앞에는 천사가 구운 닭고기를 쟁반에 담아 들고 앞장서서 걸어가고 있었다. 거기서 풍겨 나오는 냄새가 모든 사람들을 기쁨으로 가득 채웠다.

그다음에는 주일마다 공원에서 정성을 다해 음악을 연주한 남자가 뒤따랐다. 그에게 경의를 표하며 수백만의 목소리가 베토벤 교향곡 제9번 합창을 노래하고 있었다. 그 음악가 뒤에는 고객들의 기쁨을 위해 항상 최선을 다한 여자 재봉사가 뒤따랐다. 그날 그녀의 헌신적인 봉사를 기리기 위해 천사들이 그녀가 만든 양복과 드레스들을 입고 있었다. 그다음에는 우편집배원이 뒤따랐다. 그의 우편 가방은 지금은 황금색으로 빛나고 있는데, 두 명의 천사가 그 가방을 들고 앞에서 행진하고 있었다.

새롭게 뽑힌 사람들이 '진주의 문'을 통과하자 거대한 박수갈채가 쏟아지고 수십억의 환희에 찬 함성이 터져 나왔다.

우편집배원 뒤에는 초등학교 교사가 나타났다. 그녀는 헤아릴 수 없이 많은 세월을 온갖 시험지와 작문지의 점수를 매기는 일에 헌신해 왔다. 그 시험지와 작문지는 모두 천사들이 끄는 마차에 가득 실려 있었다. 교사 다음에는 거리의 청소부가 뒤따르고 있었다. 그가 쓰던 빗자루는 고향의 동료 성인들이 운반하는 다이아몬드가

박힌 진열 상자에 담겨 그의 앞에서 운반되고 있었다. 청소부 뒤에는 아홉 자녀를 키운 어머니가 뒤따르고 있었는데, 그녀는 머리에 아홉 개의 에메랄드가 반짝이는 관을 쓰고 있었다. 그리고 그 뒤에는 어깨에 자랑스럽게 괭이를 둘러멘 농부가 뒤따르고 있었다. 그 괭이는 한줄기 황금빛으로 변해 있었다. 그 뒤에도 그들과 비슷한 평범한 사람들이 행진해 들어오고 있었다. 그들은 모두 어떤 형태로든 봉사로 평생을 살아온 사람들이었다. 그러한 기쁨과 영광에 찬 수천 명의 사람들이 걸어 들어오고 있었다. 그들의 아름다운 행위는 그들을 에워싼 사람들의 화려한 그림의 구조로 상징되어 있었다. 신참자들의 즐거운 행렬은 관습대로 하느님께서 각자를 개인적으로 만나 주실 커다란 공식 알현실로 안내되었다.

마지막으로 입장하는 사람이 신참자 무리에 자리를 잡고 나자 '진주의 문'이 영원히 닫히기 시작했다. 바로 그때 앞서 입장한 사람들과는 전혀 어울리지 않는 모습의 인간이 문 안으로 미끄러져 들어와 행렬 꽁무니에 붙어 섰다. 그의 얼굴에는 부끄러워하는 빛이 역력했다. 그리고 목에는 과거 인생의 유일한 기념품인 밧줄이 감겨 있었다. 그것은 자신의 목을 매달았던 올가미였다. 그 사람은 바로 입맞춤으로 예수님을 배반하고, 그 뒤에 스스로 목매 죽은 유다였다.

군중들이 유다를 알아보았을 때 그 축복받은 사람들 대부분은 깜짝 놀라서 한동안 넋을 잃고 서 있었다.

누군가가 옆 사람에게 속삭였다.

"도대체 저 반역자가 천국에 와서 무슨 짓을 하고 있는 거지?"

그러나 왕의 정의의 분노가 그러한 뻔뻔스러움을 곧 벌하리라는 것을 확신하고 있는 참석자들은 그를 묵살하고 환호를 계속했다. 한편 환영식은 예정대로 그 화려한 순서가 진행되었다.

한 사람씩 새로 도착한 선택된 자들은 수많은 환호하는 성인들의 안내를 받으면서 공식 알현실로 들어갔다. 알현실에는 위엄에 찬 왕, 성부와 성자와 성령이 앉아 있었다. 신참자는 한 사람씩 왕에게 소개되었다. 왕은 따뜻한 포옹으로 그들을 환영해 주었다.

그러나 마지막으로 유다의 차례가 돌아왔을 때 그를 소개하려고 나서는 사람이 아무도 없었다. 천국에는 전혀 볼일이 없는 인간인데, 이곳에 찾아온 이유가 무엇일까? 그래서 그 배신자는 혼자 옥좌 아래로 다가갔다. 그의 목에는 여전히 밧줄이 감겨 있었다(아무리 안간힘을 써도 그 밧줄은 풀 수 없었다). 그러자 알현실 안은 물을 뿌린 것처럼 조용해졌다. 모두 왕의 정의의 분노가 어떤 식으로 표출될 것인가를 목격하려고 기다리고 있었다.

유다는 빛에 감싸인 의복을 입고 있는 성부와 성자와 성령을 감히 쳐다볼 엄두도 못 내고, 옥좌 앞에 그냥 우두커니 서 있기만 했다. 목을 매어 죽은 자의 올가미를 수치의 목걸이인 양 목에 건 유다는 몸 전체가 배신자라는 것을 나타내고 있었다.

그때 왕이 옥좌에서 일어나 계단을 걸어 내려와서 유다와 마주 보고 섰다.

왕이 조용히 물었다.

"내 친구여, 네가 나에게 준 유일한 선물이 무엇이냐?"

유다는 제자 시절을 더듬어 보면서 깊은 생각에 잠겼다. 마침내 대답이 머릿속에 떠올랐다.

그러나 그 대답은 얼마나 저주스러운 것인가!

유다는 운명의 이 결정적인 순간에 진실을 숨길 수 없어서 정직하게 털어놓았다.

"입맞춤이었습니다, 주님. 배신의 입맞춤이었습니다."

왕은 동의하듯이 조용히 웃었다.

"잘 말해 주었다, 유다. 그렇다면 이제는 내 선물로 응답할 차례가 되었구나. 이것은 평화의 입맞춤이니라."

그리고 왕은 유다를 끌어안았다. 왕의 입술이 유다의 뺨에 닿자마자, 유다의 목에 감겨 있던 올가미가 땅으로 떨어졌다.

왕이 말했다.

"잘 왔구나, 친구여. 오랜 세월 동안 나는 네가 돌아오기를 애타게 기다리고 있었단다."

유다는 목 놓아 울고 있었다. 자신이 이러한 따뜻한 환영을 받으리라고는 꿈에도 기대하지 않았기 때문이다. 그가 천국으로 숨어든 것은 단지 맹목적인 충동이었다. 수천 년 동안 증오와 절망의 어두운 땅을 방황한 뒤, 주님을 다시 찾는 길 외에는 어떤 선택도 남아 있지 않은 것처럼 보였다. 용서받으려는 희망을 갖고 찾아온 것은 결코 아니었다. 그러나 한 번이라도 주님의 얼굴을 보고 싶다고 열망하고 있었다. 그렇다! 얼굴이라도 한 번 볼 수 있다면 어떤 치욕을 당하는 지옥에 떨어져도 좋다고 생각한 것이다. 그래서 찾아온 것이다.

유다가 믿을 수 없다는 듯이 물었다.

"제가 돌아오기를 기다리고 계셨다고요, 주님?"

"그렇다네, 친구여. 목자는 마지막 양이 우리 안에 돌아올 때까지는 마음 놓고 쉴 수 없는 법이니까."

그리고 예수님은 용서하는 표시로 유다의 뺨에 입을 맞추었다. 주님의 친절함에 또다시 놀란 모든 성인들은 기쁨의 찬가를 일제히 합창했다.